Monteiro Lobato

O PICAPAU Amarelo

Camelot
EDITORA

MATERIAL COMPLEMENTAR
ACESSE AQUI

Presidente: Paulo Roberto Houch
MTB 0083982/SP

Coordenação Editorial: Priscilla Sipans
Coordenação de Arte: Rubens Martim (capa)
Transcrição e preparação de texto: Fábio Kataoka
Diagramação: Rogério Pires
Ilustração Capa: Franco de Rosa
Revisão: Aline Ribeiro

Vendas: Tel.: (11) 3393-7723 (vendas@editoraonline.com.br)

Foi feito o depósito legal.

Dados Internacionais de Catalogação na Publicação (CIP)
(eDOC BRASIL, Belo Horizonte/MG)

L796p Lobato, Monteiro, 1882-1948.
       O picapau amarelo / Monteiro Lobato. – Barueri, SP: Camelot, 2021.
       148 p. : 15,5 x 23 cm

       ISBN 978-65-87817-19-4

       1. Ficção brasileira. 2. Literatura infantojuvenil. I. Título.
                                                       CDD 028.5

Elaborado por Maurício Amormino Júnior – CRB6/2422

Direitos reservados ao
IBC — Instituto Brasileiro de Cultura LTDA
CNPJ 04.207.648/0001-94
Avenida Juruá, 762 — Alphaville Industrial
CEP. 06455-010 — Barueri/SP
www.editoraonline.com.br

SUMÁRIO

INTRODUÇÃO

$\mathcal{M}$onteiro Lobato publicou o livro *O Picapau Amarelo* em 1939. É o 17º título da coleção *O Sítio do Picapau Amarelo*, que engloba ao todo 23 livros, lançados entre 1921 e 1947.

Nesta história, todos personagens do mundo do faz de conta, de contos de fadas e fábulas, se convidam para ir morar no sítio de dona Benta. Para acomodar todo mundo, a boa avó de Narizinho e Pedrinho resolve comprar terras em volta de sua propriedade. Para conseguir realizar seu negócio, só mesmo a esperteza da Emília e a sabedoria do Visconde de Sabugosa.

Ilustração de Philipp Grotjohann

A CARTINHA DO POLEGAR

O sítio de Dona Benta foi se tornando famoso tanto no mundo de verdade, como no chamado Mundo de Mentira. O Mundo de Mentira, ou Mundo da Fábula, é como a gente grande costuma chamar a terra e as coisas do País das Maravilhas, lá onde moram os anões e os gigantes, as fadas e os sacis, os piratas, como o Capitão Gancho, e os anjinhos, como Flor das Alturas. No entanto, o Mundo da Fábula não é realmente nenhum mundo de mentira, pois o que existe na imaginação de milhões e milhões de crianças é tão real como as páginas deste livro. O que acontece é que as crianças logo se transformam em gente grande e fingem não mais acreditar no que acreditavam.

"Só acredito no que vejo com meus olhos, cheiro com o meu nariz, pego com as minhas mãos ou provo com a ponta da minha língua", dizem os adultos. Contudo, não é verdade. Eles acreditam em mil coisas que seus olhos não veem, nem o nariz cheira, nem os ouvidos ouvem, nem as mãos pegam.

– Deus, por exemplo – disse Narizinho. – Todos creem em Deus, mas ninguém consegue pegá-lo, cheirá-lo e apalpá-lo.

Exatamente. E ainda acreditam na Justiça, na Civilização, na Bondade – em mil coisas invisíveis, incheiráveis, impegáveis, sem som e sem gosto. De modo que se as coisas do Mundo da Fábula não existem, então também não existem nem Deus, nem a Justiça, nem a bondade, nem a civilização e nem todas as coisas abstratas.

– Eu sei o que quer dizer "abstrato" – disse Emília. – É tudo quanto à gente não vê, nem cheira, nem ouve, nem prova e nem pega, mas sente que há.

– Muito bem. Logo, o Mundo da Fábula existe e com todos os seus maravilhosos personagens. E tanto existe – declarou Dona Benta – que tenho aqui uma carta muito interessante, recebida hoje.

– É de mamãe, já sei! – murmurou Pedrinho, aborrecido, com medo que fosse a carta de Dona Antonica, chamando-o para a cidade.

– Errou, meu filho. A cartinha que recebi é do Pequeno Polegar...

Ao ouvir tal notícia, a criançada pulou de contente. Os olhos de Narizinho molharam-se de ternura. O Pequeno Polegar era, de fato, a maior das galantezas.

– Mostre, mostre a cartinha dele, vovó!

Dona Benta colocou os óculos e tirou da bolsa uma coisinha dobrada, pequeniníssima – uma pétala de rosa!

– É o papelzinho em que ele escreve – e escreve sem tinta, com a ponta de um espinho. Só poderei ler o que está aqui, se Pedrinho me trouxer a lente do binóculo.

Pedrinho coçou a cabeça. Onde andaria a lente do binóculo desmanchado?

– A lente sumiu, vovó – disse ele –, mas há os célebres olhos da Emília, mais penetrantes que todas as lentes do mundo. Até uma pulga no pelo do dragão de S. Jorge, lá na lua, ela já detectou.

– Ótimo! Nesse caso, venha Emília ler a cartinha do nosso amigo.

Muito orgulhosa do seu papel, Emília aproximou-se rebolando. Tomou a pétala dobrada, cheirou-a:

– Ah! É rosa Bela Helena!

Abriu-a e leu com a maior facilidade:

"Prezadíssima Senhora Dona Benta Encerrabodes de Oliveira:

Saudações. Tem esta por fim comunicar a V.Ex.ª, que nós, os habitantes do Mundo da Fábula, não aguentamos mais as saudades do Sítio do Picapau Amarelo, e estamos dispostos a mudar-nos para aí definitivamente. O resto do mundo anda uma coisa das mais sem graça. Aí é que é o bom. 'Em vista disso, mudar-nos-emos todos para sua casa – se a senhora der licença, está claro...'

O assanhamento da criançada subiu a 100 graus, que é o ponto de fervura da água. Ficaram todos borbulhantes de alegria! Pedrinho disparou a fazer projetos de brincadeiras com Aladino e o Príncipe Codadade. Narizinho queria conversas de não acabar mais com Branca de Neve e a menina da Chapeuzinho Vermelho. Até o Visconde lambeu os beiços, ansioso por uma discussão científica com Mr. de La Fontaine, o famoso fabulista encontrado na viagem feita ao "País da Fábula".

– Que suco vai ser, vovó! Todos aqui, imagine! Será que também vem D. Quixote?

– Eu o que quero é lidar com os anões de Branca de Neve! O Dunga, o Zangado... Ah, gostosura!

No entanto, Dona Benta estava incerta. A população do Mundo da Fábula era grande; como acomodá-la toda ali num sítio que não tinha mais de cem alqueires de terra?

– Aumenta-se o sítio, vovó – propôs Pedrinho. – A senhora compra as fazendas dos vizinhos. Para que serve dinheiro? Depois que saiu o petróleo, a senhora ficou empanturrada de dinheiro a ponto de enjoar e nem permitir que se fale em dinheiro nesta casa. Aumenta-se o sítio. Tão fácil...

Dona Benta refletiu ainda uns instantes; depois concordou:

– É o jeito. Podemos comprar a Fazenda do Taquaral e mais a do Cupim Redondo. As duas juntas devem perfazer aí uns mil e duzentos alqueires de terra. Ora, em mil e duzentos alqueires de terra, eu imagino que cabem todos os personagens do Mundo da Fábula.

– E se não couberem, a senhora vai comprando mais fazendas. Isso não oferece dificuldade. – argumentou Pedrinho. – E podemos fazer uma coisa, vovó: uma cerca de arame que separe o sítio velho das Terras Novas. Ficamos nós aqui e eles, nas Terras Novas. Que tal?

A lembrança de Pedrinho foi aprovada.

– Sim, boa ideia. Fazemos uma cerca de arame com porteira – e porteira com cadeado. Confio a chave ao Visconde. Só abriremos a porteira, quando nos convier. Se não, invadem-nos isto aqui e...

Narizinho ficou cismarenta, imaginando a maravilhosa vida que iriam ter com uma vizinhança daquelas.

– Tia Nastácia é que vai ficar tonta – lembrou Emília. – Juro que muitos deles vão de pular a cerca por conta dos bolinhos.

– O remédio é fácil. Colocamos o Quindim de guarda, dia e noite, passeando de cá para lá ao comprimento da cerca. Como eles nunca viram rinoceronte, irão respeitá-lo e terão medo daquele chifre único. – completou Emília.

Essa conversa ocorreu à noite, depois do chá. Nesse dia, só foram para a cama às 11 horas, tamanha foi a discussão travada sobre o que fazer. Ao se recolherem, até a Emília e o Visconde beijaram a mão de Dona Benta, dizendo com a maior naturalidade:

– Sua bênção, vovó!

A RESPOSTA DE DONA BENTA

Ilustração de Silvio Baldessari

No dia seguinte, Dona Benta respondeu à carta do Pequeno Polegar. Que viessem todos! Ela iria comprar mais terrenos vizinhos, de modo que o Mundo da Fábula inteiro coubesse lá. Porém, na hora de subscritar o envelope, a boa velhinha atrapalhou-se. Viu que Polegar havia esquecido de mandar o endereço.

– Que cabecinha de vento! Escreve-me uma carta e não indica para onde devo remeter a resposta.

E cheia de indecisão estava pensando naquilo, quando Narizinho se aproximou com um "Que é, vovó?". Ao saber da falta de endereço, riu-se regaladamente.

– Ora! Parece incrível que a senhora se aperte por tão pouca coisa. É só chamar a Emília...

Emília surgiu rebolando.

– Venha resolver um caso que está atrapalhando a vovó. Polegar escreveu, mas esqueceu de colocar o endereço. Vovó não sabe para onde mandar a resposta.

Emília deu uma risada gostosa.

– Ah, meu Deus! Que bicho bobo é gente grande! Morrem de lidar com as maravilhas, mas não aprendem nada. Não aprendem essa coisa tão simples que é o "faz de conta." Me dá aqui esta carta.

Dona Benta, de boca entreaberta e olhar admirado, foi-lhe entregando a cartinha de resposta. Emília agarrou-a e leu-a...

– Isso é falta de delicadeza, Emília, ler carta dos outros – observou Narizinho.

– É falta de delicadeza, quando a carta vai pelo correio. – respondeu.

– No sistema do "faz de conta" não é, porque faz de conta que não li. Li para ver se a vovó não nos traiu...

– Emília, Emília! – gritou Narizinho com severidade. – Como se atreve a fazer semelhante juízo da vovó?!

– Minha cara – respondeu Emília com o maior desplante –, eu já virei uma Floriana Peixota: confio desconfiando...

– Já se viu que diabinha? – murmurou Dona Benta filosoficamente.

Emília chegou à janela e gritou:

– Ventos e brisas daquém e dalém

Passarinhos e borboletas

Esta resposta ao Polegar leva,

Depressa, depressa, se não...

E lançou a cartinha ao vento.

– Se não o quê, Emília? – perguntou Narizinho.

– Se não, nada. O se não é só para meter medo.

Tia Nastácia vinha entrando na cozinha para ver o que Dona Benta queria no almoço. Ao saber da cartinha do Polegar e da licença para que viessem morar ali, exclamou, erguendo as mãos para o céu:

– Nossa Senhora! Isto vai virar "hospiço". Sinhá não se lembra daquela vez que eles entupiram a casa de reizinhos e príncipes e princesas? Nossa Senhora, onde iremos parar?

– Fazemos uma cerca, Nastácia. Eles ficam morando para lá da cerca. Só virão aqui quando quisermos.

– Cercas, Sinhá? Pois se até muro com caco de vidro em cima, gente pula, quanto mais eles, que são uns demoninhos...

– Quindim fica de guarda na cerca, passeando de cá para lá. E, na porteira, eu coloco um cadeado. O Visconde tomará conta da chave.

Tia Nastácia deu uma grande risada.

– Ché, Sinhá! Tudo é muito bonito e fácil no "pape." Mas eu quero ver! O Visconde de chaveiro?! Ha, ha, ha!

Dona Benta, que estava com preguiça de discutir, mudou de assunto.

– Olhe, para o almoço, faça um frango assado com farofa e uns pastéis de palmito.

– O palmito acabou, Sinhá. "Seu" Pedrinho gastou ontem o último para fazer uma tal de bica d'água.

– Mande buscar meia dúzia no Elias Turco.

– O palmito do Elias é falsificado, Sinhá. Só casca.

– Então, então...

O PLANO DA EMÍLIA

Dona Benta mandou chamar os donos das fazendas vizinhas para propor-lhes a compra das propriedades. Nenhum quis vender. Eram fazendas que não valiam nada, mas, como Dona Benta tinha fama de muito dinheiro, todos trataram de aproveitar-se. Dona Benta, porém, não era das que "vão na onda." Não aumentou a oferta.

Depois que os homens se retiraram, chamou os meninos.

– Esses homens querem aproveitar-se da situação. Fingem não querer vender as fazendas, mas é tudo para me explorar. O que acha que devo fazer, Pedrinho?

Pedrinho, danado com os fazendeiros, imaginou logo uma solução violenta: comprar as fazendas à força. Agarrá-los e obrigá-los a assinar as escrituras, com um revólver encostado na nuca de cada um.

– Que absurdo, meu filho! Os processos violentos nunca dão bons resultados. Temos que estudar um meio jeitoso.

– Isso de jeito é comigo! – gritou a Marquesa de Rabicó. – Entregue-me o caso que num instante estará resolvido.

– Pois vamos ver – disse Dona Benta. – Fale com os homens e dê lá os jeitinhos necessários. Não ofereço mais de 400 mil cruzeiros pelas duas fazendas – e é muito. Não valem nem 200.

Emília chamou de parte o Visconde para a discussão do assunto. Em seguida, foram os dois ao pasto, montaram no Burro Falante e saíram à procura dos fazendeiros.

Encontraram-nos na venda do Elias, bebendo cerveja entre grandes risadas e dizendo: "Desta vez a velha nos paga! Havemos de lhe arrancar couro e cabelo".

Emília e o Visconde entraram, sentaram-se atrás deles numa mesinha dos fundos e pediram meia garrafa de cerveja e duas cocadas queimadas. E puseram-se a conversar com ares misteriosos. Aquilo imediatamente intrigou os fazendeiros.

– Pois é – dizia a Marquesa para o Visconde, muito baixinho, mas de modo que os homens ouvissem: "A bicharia já está embarcada: duzentos, cem machos e cem fêmeas! E rinocerontes dos mais ferozes, caçados de fresco em Uganda, lá no sul da África...".

Ilustração de Silvio Baldessari

– Mas, então, é verdade? – perguntou o Visconde com o maior fingimento. – Pensei que fosse brincadeira...

– Brincadeira, nada! Dona Benta não brinca. Vai fazer aqui a maior criação de feras do mundo. Chegarão agora esses 200 rinocerontes ferocíssimos. Depois, vêm os leões que estão sendo caçados. São 300 leões! E mais 150 tigres-de-bengala, daqueles que só se alimentam de gente. E há as 100 panteras negras. Isso sem falar nos ursos brancos do Polo, nem nos lobos da Rússia, nem naquelas cobras da Índia que são venenosíssimas. – contou Emília.

Os fazendeiros, de boca aberta, entreolhavam-se assustados. Emília continuou:

– A criação de feras de Dona Benta será a maior do mundo, mas os vizinhos vão sofrer com isso. Toda gente sabe que os animais caseiros, os burros, os bois, os cavalos, entre outros, têm um verdadeiro horror pelas grandes feras. Adivinham-nas de longe pelo cheiro e morrem de medo. E fogem com quantas pernas têm! Estou com dó dessas fazendas. Vão ficar a pé, sem um cavalo, um burro e um boi. O vento leva para lá o cheiro dos leões e dos tigres, e a animalada mansa dispara...

– Mas esses vizinhos podem processar Dona Benta... – lembrou o Visconde.

– Ela já mandou estudar esse ponto por um bom advogado do Rio. As leis não tratam do assunto. Se eles processarem Dona Benta, perdem as demandas e ainda têm de pagar as custas. Não tem lei nenhuma que proíba cheiros em fazendas.

A conversa prosseguiu nesse tom cochichado até o fim da cervejinha. Depois, pagaram a conta e saíram, muito lampeiros.

Os dois homens ficaram com caras de asno, olhando um para o outro.

– E esta, compadre! Se o raio da velha vai mesmo fazer isso, nossas fazendas, que já pouco valem, ficarão valendo ainda menos. Aquilo que o pelotinho de gente disse é certo. Os animais têm um medo horrível de onças e outras feras. Assim que farejam alguma por perto, fogem loucos de terror. Isso é coisa das mais sabidas.

– Pensando bem – disse o segundo –, o melhor é aceitarmos a proposta da velha! Quatrocentos mil cruzeiros pelas duas fazendas é até muito dinheiro, porque não valem 200 e nem 180! O café está de rastos, o porco não dá nada.

O algodão? O curuquerê come... Quanto mais eu trabalho em minha fazenda, mais endividado fico. O melhor é aceitarmos a proposta da velha.

Nesse mesmo dia, voltaram os dois ao Picapau Amarelo.

– O preço que a senhora nos oferece – disse um deles – é fraquinho, mas nós já estamos cansados desta vida de fazenda e resolvemos ceder. Pode marcar o dia para as escrituras.

– Amanhã – foi a resposta de Dona Benta, muito admirada da reviravolta operada neles.

O que teria feito esta mudança de ideia tão repentinamente? Dona Benta interpelou-os, e os fazendeiros responderam, coçando a cabeça:

– Coisas da vida, minha senhora. Fomos à venda do Turco beber uma cervejinha e pensamos melhor sobre o caso. Estamos velhos e cansados, é isso.

Nesse instante, Dona Benta ouviu o ringido da porteira. Olhou. Vinham chegando a Emília e o Visconde, montados no Burro Falante.

– "Hum! Estou compreendendo!" – murmurou Dona Benta consigo mesma. "Aqui anda o dedinho da Emília".

Depois que os fazendeiros se retiraram, Dona Benta a chamou e disse:

– Que foi que você fez, diabinha, para mudar desse modo a opinião dos dois homens?

– Nada, Dona Benta. Apenas comemos uns doces na bodega do Elias e tomamos uma cervejinha. Por sinal que estou tonta, tonta...

E estava mesmo. Tão tontinhos, ela e o Visconde, que caíram na rede e caíram no sono.

Dona Benta ficou cismada:

– "Que será que Emília botou na cabeça deles?"

No entanto, por mais que cismasse, nada adivinhou!

COMEÇA A MUDANÇA PARA O SÍTIO

A compra foi feita no dia seguinte, com o prazo de uma semana, para que os ex-donos se mudassem. E, nesse mesmo dia, Pedrinho tratou da construção da grande cerca de seis fios de arame farpado, que dividisse as terras do Picapau Amarelo das novas terras adquiridas. No meio da cerca, bem em frente ao terreiro, tinha de ficar uma boa porteira de peroba com cadeado.

A carta de resposta mandada a Polegar chegou-lhe às mãos direitinha; e logo recebeu ele outra, contando da compra das terras e dizendo que, dali uma semana, podiam começar a mudança. Porém havia cláusulas. Que viessem todos – todos, todos, até o Barba Azul –, mas com a condição de não invadirem o sítio e de não pularem a cerca. Eles ficavam para lá da cerca, e ela e os netos ficavam para cá da cerca, nas velhas terras do sítio. Quando alguém quisesse visitá-los, tinha de tocar a campainha da porteira e esperar que o Visconde abrisse. Proibido pular. Quem o fizesse, correria o risco de espetar-se no pontudo chifre de Quindim, o guarda.

As condições foram aceitas e, passada uma semana, começou a mudança dos personagens do Mundo da Fábula para as Terras Novas de Dona Benta. O Pequeno Polegar veio puxando a fila. Logo depois, Branca de Neve com os sete anões. E, então, as Princesas Rosa Branca e Rosa Vermelha. Chegaram também o Príncipe Codadade, com Aladino, a Xarazada, os gênios e o pessoal todo das "Mil e Uma Noites." E veio a Menina da ChapeuzinhoVermelho. E também a Gata Borralheira. E vieram Peter Pan com os Meninos Perdidos do "País do Nunca", mais o Capitão Gancho com o crocodilo atrás e todos os piratas; e a famosa Alice do "País das Maravilhas"; e o Senhor de La Fontaine em

Ilustração de Walter Crane

companhia de Êxodo, acompanhados de todas as suas fábulas; e Barba Azul com o facão de matar mulher; e o Barão de Munchausen com as suas famosas espingardas de pederneira; e os personagens todos dos contos de Andersen e Grimm. Também veio D. Quixote, acompanhado de Rocinante e do gordo escudeiro Sancho Pança.

Contudo, não vinham a passeio, não; vinham com armas e bagagens, com os castelos e palácios, para uma fixação definitiva.

Vinham para morar ali toda a vida. O Pequeno Polegar explicou:

– Eles sempre sonharam com uma coisa assim. Nunca puderam habitar sossegados numa terra que fosse unicamente deles. Uns moravam em livros, outros na cabeça das crianças. Agora, serão donos de um território próprio, só deles.

A mudança dos famosos personagens constituiu uma longa festa para Dona Benta e os meninos. Horas e horas passavam debruçados na cerca, vendo chegar aquele povaréu maravilhoso – as princesas com as suas damas de companhia e a criadagem; os anões, carregando todas as peças do castelo de Branca de Neve; ChapeuzinhoVermelho, puxando a casa da sua vovó comida pelo lobo. Mudança completa. Peter Pan trouxe tudo que havia na Terra no Nunca – até o mar onde vogava a "Hiena dos Mares" do Capitão Gancho.

– E os índios também! Lá estão os índios da Pantera Branca! – observou Emília ao ver chegar o bando de guerreiros cor de cobre.

– E aquilo lá longe? – indagou Pedrinho, apontando para uma menina com um bandão de esquisitices atrás. Contudo, reconheceu-a logo, dizendo:

– É Alice! Vem com o bando todo! Twidledum, o Gato Careteiro, o Coelho Branco, a Tartaruga...

Tia Nastácia também não saía da cerca.

– Credo, Sinhá! Que vai ser de nós de hoje em diante? Quanta estrepolia, meu Deus! Se isto desta vez não pegar fogo...

Quindim olhava por cima da cerca sem compreender coisa nenhuma; mas o Burro Falante, que estava a seu lado e era sabidíssimo, ia explicando a situação, contando quem era este ou aquele.

– Oh! – exclamou o Burro, quando viu chegar D. Quixote e Sancho, um montado no Rocinante e outro no burrico. Vou ter afinal dois bons companheiros.

Uma ideia lhe veio à cabeça: convidar aqueles personagens de quatro pés para ficarem além da cerca, no seu pastinho. Pensou e veio propô-lo a Dona Benta:

– O pasto é muito grande para um só; há lá capim para três e ainda sobra. Rocinante precisa muito de um bom sossego no pasto...

Dona Benta achou que sim, mas que tudo dependia de D. Quixote e Sancho. Tinha de consultá-los.

A novidade maior foi a chegada dos personagens da mitologia grega – uma quantidade enorme! A Medusa, com aqueles cabelos de cobra – cada fio sendo uma cobra –, e atrás dela o valente Perseu que lhe cortou a cabeça. E o Rei Midas, que só cuidava de amontoar ouro e acabou se enjoando. Os centauros, meio homens meio cavalos; os faunos de chifrinhos; os sátiros de pés de bode; as sereias; as ninfas; e as náiadas, que eram as ninfas das águas.

– Olhe, vovó – exclamou Narizinho em certo momento. – Lá vem vindo o rei dos mares, o Netuno, de grandes barbas verdes, com o garfo de três dentes na mão, sentado no seu carro de conchas puxado por peixes. Como irá ele arranjar-se aqui, se não há mar?

– Há mar, sim – advertiu Emília. – Peter Pan já trouxe o Mar dos Piratas. Só quero ver como Netuno vai acomodar-se com o Capitão Gancho. Este malvado está convencido de que o rei do mar é ele...

Os personagens vinham vindo sem interrupção com a enormíssima bagagem dos castelos e palácios maravilhosos. Aquelas terras ordinaríssimas, onde só havia saúva e sapé, começaram a transformar-se como por encanto. Onde era o rancho do Zé Prequeté, Chapeuzinho ergueu sua encantadora casinhola de varanda com trepadeiras. Branca de Neve começou a levantar o seu castelo no lindo vale que dava frente para o sítio.

– Que bom, vovó! – comentou Narizinho. – Lá da janela do meu quarto posso fazer sinais para as duas!

– Sinais semafóricos – disse o Visconde. – Esses sinais assim, feitos de longe, chamam-se semafóricos. É uma combinação de sinais que permite conversa de um ponto para outro. Um telégrafo.

– O "sabinho" está hoje afiado! – observou Emília.

No entanto, tia Nastácia, que havia voltado para a cozinha, interrompeu a festa com um grito:

– O jantar está na mesa. Depressa, se não esfria.

Com grande sentimento, todos deixaram a cerca, porque ainda havia muito que ver.

D. QUIXOTE HOSPEDA-SE NO SÍTIO

Nunca houve jantar mais apressado. Pedrinho nem mastigava – engolia!

– Não adianta correr, menino – disse Dona Benta. – Eles ficarão morando em nossas terras toda a vida. Coma sossegado, mastigue bem.

Contudo, quem ouve conselhos numa ocasião dessas?

Pedrinho continuou a engolir sem mastigar, e, por fim, saiu correndo, com uma perna de frango assado na mão. Nem esperou pela sobremesa. Os outros o imitaram. Correram todos para a cerca, deixando Dona Benta sozinha.

– O que é criança?! – exclamou tia Nastácia. – Brincam a vida inteira e, quanto mais brincam, mais querem brincar. E foi pena essa correria hoje, porque fiz um docinho de batata-roxa que está mesmo do céu! Prove Sinhá.

Dona Benta comeu sossegadamente o doce de batata-roxa; em seguida, encaminhou-se sem pressa nenhuma para a cerca. Lá estavam todos encarapitados, com os olhos fixos na procissão sem fim dos personagens fantásticos, de mudança para as Terras Novas. Emília e o Visconde acharam jeito de se acocorarem no topo de dois moirões da cerca; os demais ficaram de pé no segundo fio de arame a contar de baixo, e debruçados no de cima, com os cotovelos entre os intervalos de duas farpas. Quindim olhava, sem entender coisa nenhuma. O Burro Falante filosofava.

Ilustração de Gustave Doré

– Vovó perdeu uma cena gozada – disse Narizinho, logo que Dona Benta chegou. – O Pequeno Polegar foi o único que veio sem bagagem, só trouxe aquelas botas de sete léguas. E sabe a ideia dele, vovó? Deu com a casa de João-de-barro ali, do Cedro Grande, e apossou-se dela. Já se recolheu. Está lá dentro, descansando da viagem.

– E os donos da casa, o casal de passarinhos? – indagou Dona Benta.

– Andam por fora, cavando a vida. Quando voltarem e encontrarem a casa ocupada, vai haver tragédia.

Pedrinho estava maravilhado com a transformação das Terras Novas. Um puro milagre aquilo! Tudo transformado. Castelos e mais castelos, palácios e mais palácios; e árvores enormes, velhíssimas, que ele nunca vira por lá. E lagos azulíssimos; e torrentes de água espumejante, alvíssima; e despenhadeiros de pedras nuas; e jardins maravilhosos. Até aquela famosa casa feita só de doces, que Hansel e Gretel descobriram na mata virgem, fora transportada para lá.

– Está ali uma casa – disse Pedrinho – em que eu não poderia morar. As paredes são de açúcar-cande; as telhas, de chocolate; as torneiras dão mel, vinho e leite. Eu comeria esta casa inteirinha!

– E não escapava de uma boa dose de erva-de-santa-maria com óleo de rícino – observou Emília.

– Doce demais gera lombrigas! – disse tia Nastácia.

No entanto, houve um personagem que ficou ao desabrigo: D. Quixote. Com a sua mania de proezas e mais proezas, só trouxera o escudo, a espada e a lança – esquecera de trazer casa. E andava às tontas pelas Terras Novas, procurando qualquer coisa, montado no Rocinante, com o gordo Sancho Pança atrás.

– D. Quixote gosta muito de hospedarias! – lembrou Narizinho. – Aposto que está procurando uma.

– Mas não acha, porque aqui não há! – disse Pedrinho.

– O remédio é hospedar-se no castelo de alguma das princesas.

– Seria no meu, se eu fosse princesa – disse Emília. – Acho D. Quixote o suco dos sucos. A loucura chegou ali e parou. Adoro os loucos. São os únicos interessantes que há no mundo.

D. Quixote, porém, não teve a ideia de acolher-se em casa de nenhuma princesa. Depois de andar de um ponto para outro, deteve-se no alto de um morrinho, com a mão na testa, em viseira. Corria os olhos em todas as direções.

– Está procurando moinhos de vento – murmurou o Visconde. – Por felicidade, o nosso moinho é de roda d'água. Está livre de ser atacado por ele.

Depois de tudo examinar, D. Quixote fixou os olhos na casinha de Dona Benta e conferenciou com o escudeiro. Deu-lhe uma ordem qualquer. Sancho fincou os calcanhares no burrinho e veio de galope na direção da cerca.

Ao chegar, parou, tirou respeitosamente o chapéu e disse, dirigindo-se a Dona Benta:

– Ilustre senhora! Meu amo, o invencível Cavaleiro da Triste Figura, não encontra nestas terras nenhuma estalagem em que descanse os seus valentes ossos, e manda-me dizer-vos que lhe seria de agrado um pouso na casinha tão simpática que se ergue além da cerca.

Dona Benta respondeu com o desembaraço de sempre:

– Meu caro senhor, a combinação que fiz com o Pequeno Polegar foi de que todos os personagens da Fábula podiam morar em minhas terras, mas para lá da cerca. Assim disse eu e assim pretendo que seja, mas grande gosto me dará receber em minha modesta choupana o ilustre fidalgo da Mancha, se não for para ficar a vida inteira. Está claro? Ele que venha.

Sancho agradeceu-lhe as palavras e voltou ao amo no galope.

– Corra lá em casa, Visconde – disse Dona Benta – e previna tia Nastácia da visita de D. Quixote. Diga-lhe que prepare qualquer coisa para ele comer. Deve estar com uma fome de cabelos brancos, o coitado!

Enquanto o Visconde corria para avisar a tia Nastácia, D. Quixote foi se aproximando. Chegou. Parou diante da cerca, com aquela dignidade de atitudes que o tornava o mais perfeito dos heróis.

– Ilustre dama – disse ele –, muito me penhora a gentileza de tão alta acolhida. O vosso palácio me será de repouso, e o vosso convívio me demonstrará que o mel da bondade ainda flui dos nobres corações.

– Que mania a dele de falar complicado! – cochichou Emília para Narizinho.

– É o estilo antigo – explicou a menina. – As palavras de antes dançavam o minueto e usavam anquinhas e saias-balão. Eu não entendo lá muito bem, mas gosto.

D. Benta, sabidíssima que era – respondeu no mesmo tom e, com muitas anquinhas nas palavras, pediu-lhe que apeasse e entrasse. Infelizmente, a chave da porteira estava no bolso do Visconde, e o Visconde fora dar o recado lá dentro, de modo que o ilustre herói teve de pular a cerca. Foi um custo! Enfiado na sua armadura de lata, D. Quixote atrapalhou-se e enganchou-se nas farpas do arame. E quando o desenganchavam de um lado, ele enganchava-se de outro. Por fim, depois de muito trabalho e com a ajuda de todos, foi possível baldeá-lo para o lado de cá da cerca. Ufa!

Partiram, então, para os cumprimentos e as apresentações.

– Este é o meu neto Pedrinho; esta, a minha neta Narizinho; e esta aqui, a famosa Emília, Marquesa de Rabicó.

D. Quixote saudou-os de cabeça, mas, ao fazer isso, deu com o Quindim de olhos ferrados nele, a vinte passos de distância. O efeito foi tremendo. Aquele esquisito animalão africano impressionou profundamente o fidalgo da Mancha, que se pôs em guarda, de lança em riste, pronto para o ataque.

– Sancho – gritou ele –, cá estou de novo diante do mágico Freston, o infame que toma todas as formas para perseguir-me. Porém, desta vez, darei cabo do miserável.

– Perdão, senhor fidalgo. – disse Dona Benta, aflita. – Aquele honrado paquiderme não é nenhum mágico. Freston, ou o que seja, é apenas o Quindim, velho amigo nosso, pessoa excelente, notável em gramática.

No entanto, D. Quixote não atendia a coisa nenhuma. Felizmente, Rocinante estava do outro lado da cerca, o que retardaria o choque.

– Depressa, amigo Sancho! Traze-me o valente corcel de mil batalhas.

– Como, senhor? - respondeu Sancho com a maior pachorra. – Como, se entre a vossa ilustre pessoa e Rocinante há essa terrível muralha de arames espinhentos, que não vi em parte nenhuma e me parece a última invenção do demo?

O pobre Sancho não conhecia o arame farpado.

– Depressa, depressa, amigo Sancho! – insistia D. Quixote. – Esta será a mais cruenta peleja da minha vida, mas tenho de atacar montado. A mim, o meu fiel Rocinante. Depressa!

A situação começava a agravar-se. D. Quixote não atendia a ninguém e, se não lhe dessem o cavalo, atacaria mesmo a pé, contra todas as regras da arte.

Foi quando Emília interveio com grande oportunidade. Correndo ao Quindim, pediu-lhe que se afastasse o mais depressa possível, porque aquele homem era louco. Quindim, o mais sensato rinoceronte do mundo, obedeceu docilmente. Afastou se a trote largo.

Vendo o "inimigo" fugir daquele modo vergonhoso, D. Quixote cantou o triunfo, como galo no terreiro.

– Foge, foge o infame! Não se envergonha de deixar-me nas mãos uma vitória fácil demais para que eu dela me orgulhe?! Freston sempre foi o rei dos covardes.

Neste momento, chegou o Visconde com a chave da porteira. Abriu-a. Sancho entrou com o seu burrinho, puxando pela rédea o magro Rocinante.

Contudo, Dona Benta continuava muito aflita. Recolher aquele homem em sua casa, assim sujeito a frequentes acessos de loucura... D. Quixote conversava muito bem, como um verdadeiro sábio, mas, de súbito, lá vinha o acesso. E Dona Benta quase se arrependeu de ter-lhe concedido permissão para entrar.

Sancho fez logo camaradagem com Pedrinho, ao qual contou várias proezas de seu amo que não figuram no famoso livro de Cervantes.

– Ah! Menino, este meu amo é, na verdade, o herói dos heróis. Ainda há pouco, ali na estrada das Terras Novas, espetou com a lança um homem muito feio, de grandes barbas azuis.

– De barbas azuis? Então, era o Barba Azul! Bem feito! Esse homem é o maior especialista em matar mulheres. Já liquidou sete. Não estava de faca na mão?

– Trazia na cintura uma enorme faca de ponta, sim.

– Pois é isso mesmo. Com aquela faca, o malvado já matou sete esposas – e matará a oitava, se aparecer outra tola que se case com ele.

– Pois ficou bem espetado pela lança de meu amo – continuou Sancho. – Quis resistir, mas, quando ia puxando a faca, foi alcançado no peito e derrubado.

E assim a conversarem foram se encaminhando para a varanda. Dona Benta abria a fila de braço dado a D. Quixote; em seguida, vinha Pedrinho de prosa com Sancho. Narizinho e Emília estavam atrás e comentavam os acontecimentos. O Visconde ficou lá com Rocinante e o burrinho, depois de apresentá-los ao Burro Falante.

– Já os conheço de fama – disse este. – As proezas de D. Quixote têm corrido o mundo todo e continuarão a correr. Contudo, o que nelas mais admiro é a extrema fidelidade de Vossa Senhoria.

Rocinante e o Conselheiro só se tratavam assim, de Vossa Senhoria para cima, tão bem educados eram. O Visconde recordou a conversa de horas antes, em que o Burro propusera a Dona Benta que Rocinante e o asno de Sancho ficassem ali no seu pastinho, onde havia capim de sobra e o ótimo – capim-gordura do roxo! Rocinante gostou muito da ideia e lambeu os beiços, dizendo que lá nos áridos da Espanha, sua terra natal, o capim era ralo e duro, dos que não dão o mínimo prazer a um animal. Por isso, andava magro daquele jeito, com as costelas sempre de fora.

– Cá, no sítio, V.S.ª vai engordar como um cevado! – disse o Burro Falante. – Em dois meses estará estourando; e ali o senhor asno também.

– A maçada é que meu amo não sabe andar a pé – disse Rocinante. – Tem passado quase a vida inteira montado em meu lombo. E tanto me acostumei a isso que, quando ele desmonta, até me sinto atrapalhado; leve que nem pluma.

– Pois eu aqui levo a vida bem melhor – disse o Conselheiro. – Todos são meus amigos e todos muito leves. Emília pesa, no máximo, uns cinco quilos; o Senhor Visconde não pesa mais de meio. Pedrinho eu calculo em 30; e Narizinho, em outro tanto. De modo que já perdi a memória do que é carregar no lombo mais que 3 arrobas.

– Já não posso dizer o mesmo – suspirou Rocinante. – Meu amo, apesar de ser só ossos, pesa mais de 5 arrobas; e a sua armadura, com mais a lança, a espada e o escudo, pesa mais duas. Regulo carregar, permanentemente, aí umas sete arrobas. É peso!

– Pior comigo – disse o burrinho de Sancho. – Meu amo é gordo, uma pipa, e, como anda sempre cheio de sacos de mantimentos e alforjes com as coisas que pilha durante os combates, vivo suando. Minhas esperanças é que eles parem com as correrias e me deem um merecido sossego.

O Burro Falante levou-os a ver o pastinho de capim-gordura, enquanto o Visconde voltava para a varanda. Lá encontrou D. Quixote desajeitadamente sentado na redinha de Dona Benta, com os dois meninos a fazerem os maiores esforços para lhe tirar do rosto a viseira. O fecho de metal havia emperrado.

– O jeito é empregar o ferro de abrir latas. – lembrou Emília, e correu à procura do instrumento. Pedrinho, que era mestre em abrir latas de sardinha e azeitonas, em um instante abriu a cara de D. Quixote.

– Que magreza, Santo Deus! Mas que nobreza de feições! – Emília declarou não existir no mundo homem mais "magramente belo" do que aquele.

Tia Nastácia, a espiar lá da copa, resmungou: "Credo! Essas crianças inventam cada bicho careta…"

Sancho andava pelo quintal cuidando dos arreios. Concluído o serviço, apareceu muito lampeiramente na cozinha. A cozinheira olhou-o desconfiada; mas o escudeiro era desses malandros que sabem agradar às cozinheiras, de modo que, dali a minutos, estavam amigos. Sancho contava-lhe casos cômicos, um atrás do outro, sempre recheados de provérbios da sabedoria popular. Em troca, a tia Nastácia ia lhe dando coisas de comer, até entupi-lo completamente.

– E vinho? Não há por aqui algum verdasco da Andaluzia? – perguntou o guloso.

– A Luzia aqui não anda não, "Seu" Sancho. Nosso vinho é a água do pote. Se quiser, mando buscar uma garrafa na venda do Elias Turco, mas juro que bebe uma vez e nunca mais. Falsificadíssimo! Aquele raio de homem é a peste aqui do bairro, "Seu" Sancho. Eu ainda peço pra D. Quixote chuchá ele com a lança. Falsifica tudo, até cebola…

Sancho suspirou de saudades dos bons vinhos da Espanha.

Lá na varanda, D. Quixote conversava com Dona Benta sobre as aventuras e, muito admirado, ficou sabendo que sua história andava a correr mundo escrita por um tal Cervantes. Nem quis acreditar; foi preciso que Narizinho lhe trouxesse os dois enormes volumes da edição de luxo ilustrada por Gustavo Doré. O fidalgo folheou o livro muito atento às gravuras, que achou ótimas, porém falsas.

– Isto não passa de uma mistificação! – protestou ele. – Esta cena aqui, por exemplo, está errada. Eu não espetei este frade, como o desenhista pintou – espetei aquele lá.

– Isto é inevitável – disse Dona Benta. – Os historiadores costumam arranjar os fatos do modo mais cômodo para eles. Por isso, a História não passa de histórias.

– Mas é um abuso! – insistiu o fidalgo. – Eu, que sempre me bati pelas melhores causas, não merecia que me atraiçoassem deste modo.

Por fim fechou o livro; e não quis ver mais.

– O meio – disse Emília – é o senhor mesmo escrever a sua história, ou as suas memórias, como eu fiz.

D. Quixote admirou-se de que aquela pulguinha humana tivesse memórias.

– Tenho, sim. E escrevi-as justamente para isso – para que não viesse nenhum Cervantes dizer a meu respeito coisas tortas ou arranjadas. Faça o mesmo, Senhor Quixote, e, se quiser, eu o ensinarei como se escrevem memórias. Eu e o Visconde temos grande prática.

D. Quixote, que não sabia quem era o Visconde, fez cara de ponto de interrogação.

– Pois é, o nosso "sabinho" – explicou Emília. – Vou apresentá-lo. E gritou:

– Visconde, cresça e apareça!

O Visconde apareceu e foi mostrado a D. Quixote, o qual, a despeito de haver passado a vida inteira às voltas com prodígios, não quis acreditar que o sabuguinho de cartola fosse realmente um Visconde. Mas guardou consigo a desconfiança. Era um homem educadíssimo.

Nesse momento, tia Nastácia entrou com a bandeja de café com mistura – bolinhos, torradas e pipocas. D. Quixote tomou três xícaras de café, comeu doze bolinhos, seis torradas e uma peneirada de pipocas. Estava verdadeiramente faminto, o coitado! Aquilo fez-lhe bem, porque, logo em seguida, cruzou as pernas, abriu os braços e, com as mãos seguras nos punhos da rede, disse, correndo os olhos pela varanda:

– Não há dúvida, não há dúvida! A vidinha aqui é bem boa...

Por fim, os seus olhos se foram fechando, a sua cabeça pendeu para a frente e um sorriso começou a aparecer-lhe nos lábios.

– Está dormindo e sonhando com a Dulcineia – murmurou Emília, de dedinho na boca em sinal de silêncio.

Todos saíram da varanda na ponta dos pés.

O NINHO DE JOÃO-DE-BARRO E A QUIMERA

$\mathcal{M}$inutos depois aparecia Rabicó, muito afobado.

– Estive lá na cerca – disse ele – e vi uma briga muito séria. Os dois passarinhos do Cedro Grande voltaram do passeio e descobriram dentro da casa de barro um intruso qualquer. Ficaram furiosíssimos e estão se batendo com o intruso.

– Nossa Senhora! – exclamou Narizinho. – É o Pequeno Polegar! Ele ocupou a casa de João-de-barro como se aquilo fosse hospedaria às ordens do respeitável público, e está agora na encrenca. Vamos depressa acudi-lo!

Correram todos para o ponto da cerca mais próximo do Cedro Grande e viram o tremendo fecha travado lá em cima. Os dois passarinhos investiam furiosos contra o intruso, procurando deitá-lo fora. Polegar, sem arma nenhuma, defendia-se com as botas. Dava "botadas" na cabeça dos agressores...

– Como há de ser, Pedrinho, para acudirmos ao nosso amigo?

– Só com o bodoque. Mato os dois joões e pronto.

– Isto, nunca! – protestou Narizinho. – Eles são os donos da casa, estão com o direito. O que precisamos fazer é um de nós subir à árvore e aconselhá-lo a sair. Se Polegar quer casa, que fique morando conosco – é pequenininho, não ocupa espaço.

Subir à árvore! Mas quem? O Visconde, sem dúvida, porque, se caísse e quebrasse perna ou braço, tia Nastácia o consertaria num pingo de tempo.

– É isso – resolveu Pedrinho. – Suba lá, Visconde, espante os passarinhos e diga ao Polegar que saia, que desça e venha morar conosco.

O Visconde coçou-se. Não gostava de subir em árvores, por não ser coisa de sábio. Mas obedeceu. Varou a cerca, aproximou-se do Cedro Grande e começou a subir. Emília, de longe, dava instruções.

– Antes de agarrar-se a um galhinho, veja se não está seco. Lembre-se do que me aconteceu aquele dia na jabuticabeira. Firmei-me num galhinho sem examinar se estava seco, e o galhinho quebrou, e eu – tchibum! – no chão.

– Tchibum é quando a gente cai n'água – corrigiu Narizinho. – Quem cai no chão faz paf!

O Visconde subiu com as maiores cautelas e, por fim, chegou ao galho do ninho. Ao avistarem aquele ente que eles nunca tinham visto, de pernas finas e cartola, os dois joões se assustaram e fugiram para longe. O Visconde estava suado; correu o lenço pela testa; bufou. Em seguida, foi engatinhando até o ninho e bateu: "Toque, toque!". Polegar, lá dentro, julgando que ainda fosse os pássaros, arrumou-lhe com as botas pelas ventas. O "sabinho", apanhado em cheio, perdeu o equilíbrio e caiu – paf – no chão!

Ilustração de Silvio Baldessari

– Que horror! – exclamaram os meninos lá na cerca. – Deve estar em pandarecos o Visconde. Temos de juntar os cacos.

Atravessaram a cerca num ponto em que o arame havia bambeado e correram ao Cedro Grande. Pobre Visconde! Era um gemido só. Braço partido, pé destroncado, cartola amarrotada...

– Ai, ai, ai! – gemia ele.

Pedrinho apressou-se em fazer uma espécie de maca, a fim de conduzi-lo à "enfermaria", que era debaixo do divã da sala de jantar. Afastou-se um pouco à procura de pauzinhos secos – mas voltou instantes depois na maior volada de sua vida. "Vem vindo um monstro de três cabeças!..." – gritava ele.

Narizinho olhou e viu, viu e viu! Viu um horrendíssimo monstro de três cabeças – uma de leão, outra de cabra, outra de serpente. Dirigia-se para o lado deles. A disparada dos três foi tamanha que num minuto estavam bem longe dali, diante de um castelo. Entravam por ele adentro como balas de canhão e trancaram a porta com toda a força, ficando a escorá-la com os ombros.

O rumor do batimento da porta atraiu a castelã, que apareceu muito assustada. Os meninos reconheceram-na incontinenti: Branca de Neve!

– Narizinho! Pedrinho! Emília! – exclamou a gentil princesa. – Que prazer! Que gosto em vê-los aqui! Mas que susto é esse? Larguem a porta.

– Um monstro horrendo quis nos devorar – explicou Narizinho – e com certeza já comeu o pobre Visconde. Lá no Cedro Grande. Três cabeças! Um horror!

– Não tenham medo de nada. Estamos em segurança absoluta. Os anões nos defendem.

– Que é deles? – perguntou Pedrinho mais acalmado, largando a porta, depois de fechá-la com a tranca de ferro.

– Aí por fora cuidando das arrumações. Esta mudança para as Terras Novas tem trazido grandes trapalhadas. Muitas brigas por causa de terrenos. Há simpatias e antipatias. Um quer ficar, outro não quer ficar perto do outro. Rosa Vermelha está de mal com Rosa Branca e, depois de erguer o seu palácio num ponto, resolveu mudá-lo para adiante – bem longe de Rosa Branca. Mas o novo ponto por ela escolhido já está ocupado pelo pessoal das "Mil e uma Noites." As coisas do Mundo das Maravilhas são tão encrencadas como as do mundo de vocês. Há ciumeiras, implicâncias, invejas...

– Está aí uma coisa que vovó não previu – pensou Narizinho.

– Outro inconveniente das Terras Novas – continuou Branca – é que os terrenos não estão arruados, nem loteados – não há boas estradas, não há pontes. Creio que tão cedo não poderei dar os meus passeios de carruagem. O que me vale são os anões. Num mês eles me arrumam tudo, deixam isto aqui um brinco. Abrem estradas, plantam a floresta, desenham os jardins...

Emília tinha ido à janela, espiar lá fora, de cima de uma cadeira.

– Estou vendo o monstro! – gritou. – Já comeu o Visconde inteirinho...

Todos correram para a sacada e de fato viram, lá muito longe, debaixo do Cedro Grande, um vulto que tanto podia ser o monstro como uma vaca. O "comimento" do Visconde era coisa que só os olhos da Emília podiam perceber daquela distância.

Que monstro seria aquele? A princesinha refletiu. Acho que devia ser qualquer coisa da Fábula Grega. Lá é que há bichos tremendos, como a Hidra de Lema, o Hipogrifo, o Javali de Erimanto, a Medusa.

– Vovó errou – refletiu Pedrinho. – Devia ter dado licença só para um certo número de personagens; os amigos, os já conhecidos. E não devia admitir monstro nenhum – nem sequer o Barba Azul. Eles vêm nos atrapalhar. Não podemos brincar sossegados. No melhor da festa, surge um deles e temos de fugir depressa.

– Felizmente – disse Branca –, a multidão enorme dos personagens da Fábula Grega formou um bairro especial bem no extremo das Terras Novas, lá longe. Esse que assustou vocês deve andar fugido, extraviado. Logo, aparece aqui o dono e leva-o.

O VISCONDE E A QUIMERA

Enquanto no castelo de Branca de Neve os meninos se extasiavam diante dos maravilhosos diamantes extraídos do seio da terra pelos anões, o pobre Visconde conversava sem medo nenhum com o monstro. O "sabinho" nunca teve medo das feras – só tremia diante de vacas e galinhas. Quem tem alma de sabugo é assim.

Quando os meninos fugiram, ele sentou-se, a segurar o pé destroncado, e só então viu diante de si o estranho monstro de três cabeças. Sua curiosidade de sábio espicaçou-o. De que "mitologia" era aquele monstro? Há muitas mitologias, isto é, coleção de fábulas – uma para cada civilização. Há a mitologia grega, a mais rica de todas; há a mitologia da Índia; há a mitologia dos povos nórdicos; há até a mitologia do Brasil, na qual vemos o Saci, o Caipora, a Mula--sem-cabeça e a Iara. Mas aquele monstro? Em qual dessas mitologias figurava? – resolveu perguntar.

– Perdoe a minha indiscrição, senhor monstro, mas eu muito desejava saber a que mitologia o senhor pertence. Poderá tirar-me da dúvida?

O monstro parecia um poço de estupidez. Não entendia coisa nenhuma e muito menos o que quisesse dizer "mitologia." Olhou para o Visconde com os seis olhos ao mesmo tempo, com ar de galinha que olha para a gente.

– Sim – continuou o Visconde. – Desejo saber se o senhor é grego, hindu ou nórdico.

O monstro continuava galinha.

– Onde nasceu? Na Grécia?

Os seis olhos do monstro brilharam. Havia afinal compreendido qualquer coisa. E uma voz rouquenta saiu de sua cabeça de cabra.

– Sou da Lícia.

O "sabinho" franziu a testa. "Lícia?" Deu busca à memória; vagamente recordou-se dum reino da Lícia que existiu antigamente na Ásia Menor.

– Hum – exclamou. – Sei, sei, a Lícia... E seu nome como é, senhor monstro?

– Quimera.

Os olhinhos do Visconde cintilaram.

– Ora viva! Lembro-me perfeitamente. A Quimera, sim, o monstro que o herói Belerofonte venceu em combate. Mas, pelo que sei, esse monstro vomitava fogo pela boca das três cabeças. Nós também temos por aqui qualquer coisa desse gênero – a Mula-sem-cabeça que vomita fogo pelas ventas. Muito curioso, não? Sem cabeça e com ventas! Que maravilha é esse mundo das maravilhas! Mas, diga-me Senhora Quimera, ainda sai fogo das suas três goelas ou não?

O monstro, como resposta, espremeu-se, e das três bocarras saiu uma fumacinha à toa.

O Visconde refletiu consigo que estava diante dum monstro muito velho, de milhares de anos e já extinto – como os vulcões que apenas fumegam. Examinando-o melhor, confirmou-se nessa ideia. O bicho apresentava todos os sinais duma tremenda velhice: pelo escasso e branco, rugas, olhos lacrimejantes e tremores nas pernas. Parecia o papagaio caduco do tio Barnabé, que tinha cem anos e só dez penas no corpo enrugado. Sim, ele estava diante da terrível Quimera que fora o pavor da antiguidade, mas já inofensiva, sem dentes, sem fogo, sem pelos e caduca. E o Visconde sentiu um grande dó daquela decadência. Coitada! Quando lhe pediu fogo, ela, com o maior esforço, só pôde dar fumacinhas...

– É curioso esse fenômeno de sair fumaça das suas entranhas – disse ele. – Parece contrário a todas as leis da fisiologia.

– O que é fisiologia? – perguntou a Quimera. – A rainha deste reino?

O Visconde riu-se com superioridade de sábio.

– Fisiologia é a ciência que estuda o funcionamento do corpo dos animais.

– Mas eu não sou animal – disse a Quimera – apesar de minha aparência de leão, cabra e serpente.

– O que é então?

– Sou uma fábula grega, como você me parece uma fábula moderna.

O Visconde ficou admiradíssimo da resposta. A Quimera não estava tão caduca como ele pensou. Raciocinava e muito bem. O interesse dela, entretanto, resumia-se em saber quem mandava naquele reino.

– Quem é o rei ou rainha daqui? – perguntou.

– Não há nada disso por cá. Somos uma democracia. Há a Dona Benta, que é a Tesoureira, ou a Dona. Há dois príncipes herdeiros: Narizinho e Pedrinho. Há a Lambeta-Mor, que é uma tal Marquesa de Rabicó. Há o Ministro da Defesa Nacional, que é o Marechal Quindim. Há a Provedora Mor das Comidas, que é tia Nastácia. Há o Sábio dos Sábios, que é o ilustríssimo Senhor Visconde de Sabugosa...

Pobre Visconde! A dor do pé destroncado o ia levando ao delírio dos febrentos. Falava de modo que a Quimera nada podia entender.

– E que está fazendo aqui? – perguntou esta.

– Estou pagando os meus pecados, senhora. Fui vítima dum litígio arbóreo e joanesco, o choque do Polegar com os joões.

– Litígio? – repetiu a Quimera .– O que quer dizer litígio?

– Um conflito de direito; o choque de dois direitos, um direito-torto e um direito-direito. Polegar julgou-se com o direito torto de ocupar a casa dos dois joões; os dois joões estavam no direito-direito de resistir. Começou a luta – bicadas de lá, botadas de cá. Vai, então, o príncipe herdeiro e me manda subir à árvore como o anjo da paz. Quem se mete entre dois litigantes acaba apanhando. Foi o que me sucedeu. Apanhei botada pelas ventas. Perdi o prumo. A força da gravidade atraiu-me para o centro da terra, isto é, fez-me cair. O tornozelo esquerdo não aguentou o choque e saiu do lugar. Apareceu, então, uma célebre peste chamada Dor – e a Dor está doendo. É isso...

A Quimera estava com as três bocas abertas, sem entender coisa nenhuma. O Visconde resumiu o caso numa sentença:

– Foi o Polegar que me derrubou lá de cima do pau.

– E quem é esse Polegar?

– Um garoto que vem da Idade Média e anda nos livros de Andersen, Perrault e Grimm. Dona Benta caiu na asneira de mudar para cá o tal Mundo da Fábula – e a primeira consequência foi esta: o meu pé destroncado.

– Por que não se recolhe à sua casa?

– De que modo? Como poderei andar com este pé assim? Narizinho, Pedrinho e Emília estão longe, escondidos em algum daqueles castelos. Quem me há de levar ao sítio?

– Eu. Eu o levo, e com o maior prazer.

Apesar da dor que sentia, o Visconde riu-se da ideia de aparecer no terreiro de Dona Benta montado na Quimera! O espanto de tia Nastácia!...

– Pois aceito – disse ele – e, semelhante ato de caridade, não ficará sem recompensa.

Nesse momento, soou na galharia do Cedro Grande um barulho. Oito olhos ergueram-se para lá – os seis da Quimera e os dois do Visconde. O casal de João-de-barro havia voltado e reiniciado o ataque ao intruso que lhes invadira a casinha. Polegar, sem as botas, não tinha com o que se defender. Foi obrigado a sair do ninho. Assim que o pilharam fora, as duas enfurecidas aves deram-lhe tal surra de bicanca, que ele fez como o Visconde: perdeu o equilíbrio e caiu – plaf! – no chão. E quebrou a perna – ai, ai, ai!

Gemia, gemia...

– Ai, ai, ai! O que vai ser de mim agora, sem botas e de perna quebrada?

O Visconde procurou acalmá-lo.

– Tudo se há de arranjar, amigo. Aqui a Senhora Quimera nos levará ao sítio de Dona Benta.

Só então Polegar deu com o monstro de três cabeças. Que susto! Seu coraçãozinho pulou. O sangue fugiu-lhe das faces.

– Não tenha medo – disse o Visconde. – A madama aqui é velha, mansíssima, e de tão boa paz como o Quindim. Vai levar-nos montados em seu lombo.

Polegar foi sossegando.

Há coisas fáceis de dizer e bem duras de fazer. Custa muito aos dois estropiados colocarem-se sobre o lombo da Quimera, mas a necessidade sabe operar prodígios. Montaram, afinal, e lá foram. Chegados à cerca, o monstro parou.

– Como atravessar estes malditos arames espinhentos?

– Pela porteira – respondeu o Visconde. – Tenho a chave aqui no bolso. Sou o chaveiro.

Outra dificuldade. A Quimera não sabia lidar com chaves, de modo que o Visconde gemendo, gemendo, teve de apear para abrir.

O monstro grego ficou assombrado de uma chavinha tão pequena abrir uma porteira tão grande. Evidentemente tratava se de um talismã encantado...

Quando aquela esquisitíssima trempe surgiu no terreiro, tia Nastácia vinha entrando na varanda com duas moringas d'água. "Credo" – urrou a pobre tia Nastácia, largando tudo no chão, caindo desmaiada.

BRANCA DE NEVE E OS MENINOS

Dona Benta estava sentada na sua cadeirinha de pernas curtas, a cerzir meias de Pedrinho. A seu lado, na rede, D. Quixote roncava sorridente, sonhando com a formosa Dulcineia. Sancho, lá na copa, farejava o guarda-comida. O grito de tia Nastácia acordou D. Quixote e pôs Sancho de orelha em pé.

– Nossa Senhora! O que será que aconteceu? – murmurou Dona Benta, pondo as meias na cestinha e levantando-se.

Encaminhou-se para a varanda. Lá tropeçou na cozinheira estendida no chão. Agarrou-a e sacudiu-a. "Nastácia! Nastácia!" – foi o mesmo que sacudir uma pedra. Nesse momento, voltou os olhos para o terreiro e deu com a Quimera. "Ai!..." O seu susto foi tamanho que também desmaiou.

D. Quixote erguera-se da rede e, depois de um longo bocejo, berrou pelo escudeiro.

– Sancho, Sancho! Onde estás, amigo Sancho?

– Aqui, meu amo – respondeu Sancho, emergindo da copa, com a boca cheia de qualquer coisa.

– Dormi uma boa soneca, amigo Sancho. E sonhei lindos sonhos. Quão formosa a Dulcineia me apareceu!

Ilustração de Franz Jüttner

– Pois eu realizei belos sonhos – disse o escudeiro com o pensamento nos petiscos encontrados na copa. – Estou aos arrotos...

Lá no castelo de Branca de Neve, os meninos ouviam a história da galante princesinha contada por ela mesma.

– Pois é assim – dizia Branca. – A minha perversa madrasta tanto fez que me transformou em princesa. Isto é que se chama atirar no que vê e acertar no que não vê. Os anõezinhos me salvaram. Veio o príncipe e casei-me.

– Tem uma coisa curiosa – disse Emília. – A gente sabe toda a vida de vocês, princesas, mas nunca sabe nada dos príncipes consortes. Esses príncipes só aparecem no fim das histórias. Casam-se, há uma grande festa e pronto! Até hoje ainda não consegui ver um só desses príncipes-maridos. Onde anda o seu?

– Caçando. É doidinho por caçadas. Só à noite me aparece por aqui, com uma penca de faisões ou perdizes.

– E é feliz com ele? – quis saber Narizinho.

– Muito. Meu marido não me amola. Deixa-me na maior liberdade aqui dentro com os meus anões. Homem que não sai de casa é a maior das pestes.

– Vovó diz sempre que o lugar do homem é na rua – observou Narizinho.

Nesse momento, chegou-lhes um soar de trompas ao longe.

Branca ficou de ouvidos à escuta. Depois disse:

– Lá está ele atrás dos veados! A caçada hoje é de veado...

Narizinho falou a Branca do maravilhoso filme que andava correndo o mundo com o título "Branca de Neve e os Sete Anões", feita pelo famoso Walt Disney.

– Quem é esse Disney?

– Oh, um gênio! – berrou Emília. – O maior gênio moderno, maior do que Shakespeare, Dante, Homero e todos esses cacetões que a humanidade tanto admira. Faz desenhos animados, mas com uma graça de a gente chorar de gosto. O filme sobre você, Branca, é o suco dos sucos!

Branca não era do tempo do cinema, de modo que não sabia o que fosse "filme", nem como pudesse haver desenhos animados. E por muito que Pedrinho explicasse a grande invenção, ficou na mesma.

– Pois o cinema – continuou Pedrinho – é a única invenção realmente boa que os homens inventaram. É uma invenção só de paz.

– Que quer dizer isso?

– Invenção de paz é a que não se presta para a guerra. As outras, Branca, você nem imagina que calamidade são! Assim que aparecem, como a tal máquina de voar, os homens logo as aproveitam para armas de guerra – para matar gente, para bombardear cidades, etc. Mas o cinema, não. Não há cinema-de-bombardeio, não há cinema-lança-chamas. Só há cinema para a gente assistir e aproveitar. Eu, se fosse dono do mundo, proibia qualquer invento que não fosse de paz.

Nesse instante, um tropel lá fora atraiu-lhes a atenção. Correram à sacada. Vinha passando a cavalo um formoso herói grego.

– O herói Belerofonte montado no Pégaso! – exclamou Branca.

– No Pégaso, o tal cavalo de asas?

– Sim. Pégaso, desta vez, vem no trote, com as asas fechadas. Que formoso animal...

Percebendo-a na janela, o herói deteve-se e falou, depois de amável cumprimento:

– Formosa princesinha, não poderá informar-me do paradeiro da Quimera?

Antes que Branca abrisse a boca, Emília berrou:

– Não é um monstro de três cabeças, uma de cabra, outra de leão, outra de cobra cascavel? Vimos, sim – e foi com medo dele que corremos para cá.

– E onde o viu, graciosa figurinha?

– Lá no Cedro Grande, aquela árvore enorme que se avista daqui – onde há um ninho de João-de-barro.

Belerofonte olhou na direção indicada, enquanto "a graciosa figurinha" prosseguia, muito espevitadamente.

– Deve estar lá ainda, comendo o Visconde. Vá depressa herói, e, se puder, salve o "sabinho." Mas o que tem o senhor com esse monstro?

– Tenho que ele é meu. Venci-o em combate nos desertos da Lícia e amansei-o. Está muito velho, o coitado, sem dentes, sem pelos, sem fogo...

– Sem fogo?

– Sim, era um monstro que vomitava fogo pelas bocas das três cabeças.

– Que horror, meu Deus! E não vomita mais?

– Não. Hoje só sai uma fumacinha. Está quase totalmente extinto.

– E por que anda ela cá por estas bandas, nos assustando?

– Fugiu do cercado em que o tenho no Bairro Grego, que é longe. Caduquices. Vou levá-lo de volta.

O herói deu rédeas a Pégaso, na direção do Cedro Grande.

– Adeus, princesa! Adeus, gentil figurinha. Obrigado pela informação – e partiu no trote.

– Vá voando para nos vermos! – berrou Emília.

O herói achou graça e deu uma ordem a Pégaso. Imediatamente o maravilhoso corcel espichou as asas e voou tal qual um gavião-pato de proporções desmedidas.

– Lindo, lindo! – exclamaram todos, em êxtase.

– Que pena todos os cavalos não terem asas! – lamentou Pedrinho. – Voar montado num Pégaso, lá pelas nuvens, que sonho!

Pégaso baixou lá adiante, desaparecendo-lhes das vistas.

– Maravilha, hein, Branca? – foi o comentário de Narizinho.

– Nem diga! – respondeu a princesinha. Continuaram à janela, na esperança de verem Pégaso reaparecer. Mas não reapareceu. O que apareceu foi um bando de meninos com um mandão na frente.

– Peter Pan, com o pessoal da Terra do Nunca! – exclamaram os quatro numa grande alegria.

PETER PAN E CHAPEUZINHO VERMELHO

*E*ra realmente ele. Depois da mudança para as Terras Novas, Peter Pan andava em grande atividade para arrumar todas as coisas trazidas da Terra do Nunca. A dificuldade maior era a acomodação do Mar dos Piratas. Os mares têm o defeito do tamanho. Muito grandes. O menor ainda é grande em comparação das terras, porque há no globo três quartas partes de mar para uma de terra firme. Como, pois, colocar um mar inteiro ali no sítio de Dona Benta? Peter Pan estava seriamente atrapalhado, cheio de ruguinhas na testa.

Ao defrontar o castelo de Branca, esta chamou-o com o dedo. O menino subiu as escadarias a galope. Vendo lá os netos de Dona Benta, sorriu.

– Que andam fazendo por aqui? – perguntou.

– Somos daqui mesmo – respondeu Pedrinho.

– O sítio da vovó fica para lá da cerca, e estas Terras Novas foram compradas pela vovó para a instalação definitiva do Mundo das Fábulas. Todos os personagens maravilhosos começaram a se mudar para cá – até os gregos. Agora há pouco demos de cara com a Quimera – e corremos muito...

Peter Pan, menino moderno, nada sabia dos monstros gregos, nem se interessava por eles.

Ilustração de Francis Donkin Bedford.

– Se é coisa grega, eu "passo" – disse. – Só cuido dos meus Meninos Perdidos e mais coisas da Terra do Nunca, mas estou atrapalhado com o Mar dos Piratas. Não cabe aqui...

– Cabe, sim! – berrou Emília, encantada à ideia de ter ali perto todo um mar, com piratas e sereias – e prainha de banho. – Se não couber inteiro, você coloca apenas uma parte.

Desde que haja o bastante para a "Hiena dos Mares" e as sereias, para que mais? Mar muito grande até enjoa, como aquele que o Fernão levou um ano a atravessar.

– Que Fernão?

– O Fernão de Magalhães, não o conhece? O que deu a volta ao mundo.

Peter Pan, cru em geografia, ficou na mesma, mas aprovou a ideia de botar lá apenas um pedaço do Mar dos Piratas.

Deu mais uns dedos de prosa e, depois de papar umas "cocadas de fita" que Branca trouxera, despediu-se com um coricocó, indo juntar-se aos Meninos Perdidos lá fora. Emília, da sacada, ainda lhe perguntou se o Capitão Gancho também tinha vindo.

– Claro que sim – respondeu Peter. – Ele, o crocodilo e o despertador na barriga do crocodilo, tudo veio...

– Que coisa curiosa! – disse Narizinho. – No Mundo da Fábula, ninguém morre de uma vez. Peter já venceu esse Gancho e o fez afogar-se no mar e ser engolido pelo jacaré. E depois disso o Capitão já nos apareceu lá em casa e agora vai aparecer novamente aqui...

– Se não fosse assim – explicou Branca –, isto não seria nenhum País das Maravilhas. O maravilhoso está justamente nisso...

– Foi também o que aconteceu para o lobo que devorou a avó de Chapeuzinho vermelho. Morreu a machadadas e, no entanto, continua a viver e a farejar avós – como naquele dia lá no sítio.

Por falar em Chapeuzinho – já se encontrou com ela, Branca? – quis saber a menina.

– Ainda não, mas não vai demorar... Já avisou que vem visitar-me.

Nem bem disse isso, e um toque, toque na porta chamou lhe a atenção. Era Chapeuzinho vermelho.

– Chapeuzinho! – exclamaram todos na maior alegria, vendo surgir a encantadora criança com uma cesta de flores na mão.

Nunca houve tantos abraços e beijos.

– Que coincidência! – exclamou Narizinho.

– Estávamos justamente falando sobre você. Já arrumou a sua casa?

– Está quase pronta – respondeu a galanteza. – É pequenininha. Este castelo de Branca, enorme, é que deve ter dado um trabalhão. Como vão indo lá no sítio? Que fim levou a cozinheira dos bolos do céu?

– Cada vez mais boleira – respondeu Emília.

– E o Visconde?

– Esse, coitado, deve estar dormindo o último sono no papo da Quimera. Caiu do Cedro Grande. A bicha veio e nhoque!

Chapeuzinho ignorava que coisa fosse a Quimera. – Alguma vaca? – perguntou.

Ao saber do monstro de três cabeças, arrepiou-se toda.

– Que horror! Minha vida era fugir do lobo – agora, tenho de fugir da Quimera também...

Branca de Neve sossegou-a. Com os anões ali, não havia perigo nenhum. Eles eram "emilianos", davam jeitos para tudo.

Depois de visitarem o castelo inteiro, Pedrinho, Narizinho e Emília despediram-se.

– Estamos com pressa. Temos de ver o que realmente aconteceu ao Visconde. Adeus, adeus!

Saíram. Correram os olhos pelas redondezas. Não havia sinal da Quimera. Isso animou-os a chegar ao Cedro, sempre com a esperança de encontrar o Visconde, mas não encontraram o menor sinal do "sabinho" – só encontraram o herói Belerofonte, sentado na raiz da árvore, enquanto Pégaso pastava bem próximo dali.

– Então, herói, nada?

– Nada. Nem Quimera, nem Visconde.

Pedrinho fez um estudo de detetive nos rastos que havia pelo chão. Com surpresa, notou que a Quimera tinha se encaminhado na direção da porteira. Foram todos até lá. Porteira aberta! O monstro havia penetrado o sítio de Dona Benta!

– Homessa! – exclamou Emília. – Se o monstro, passou pela porteira, então o Visconde veio com ele, pois estava com a chave no bolso. Logo, a Quimera não comeu o Visconde. Errei.

Mais uns passos e viram, lá longe, no terreiro, o horrível monstro calmamente conversando com o Quindim e o Burro Falante.

Assim que a Quimera deu com o herói, murchou as quatro orelhas e baixou as três cabeças. Fora pilhada!

– Coitada! – disse Belerofonte. – Está caducando. Já não sabe o que faz... – e dirigiu-se para a Quimera, enquanto os meninos corriam para a varanda.

– Vovó caída sem sentidos! – gritou Narizinho, lançando-se sobre o corpo inanimado de Dona Benta. – E tia Nastácia também! – gritou Emília.

No maior dos desesperos, Narizinho e Pedrinho levantaram a cabeça da querida vovó, enquanto Emília fazia o mesmo à tia Nastácia.

– Água! Água! Tragam água para acordar vovó!

Sancho, lá dentro, de conversa com D. Quixote, ouviu o grito e correu com um jarro d'água na mão. Contudo, D. Quixote também veio e estragou tudo. Ao surgir na varanda, deu imediatamente com a Quimera no terreiro e berrou:

– Venha de novo, o infame Freston, transformado em bicho de três cabeças, a me desafiar! Aceito a luta. Sancho, Sancho, me traz depressa o meu corcel de mil batalhas, a lança e o escudo!

Inutilmente Emília tentou explicar-lhe que a Quimera estava caduca e era tão mansa como o Quindim – e que o dono dela se achava ali presente. D. Quixote não atendia a nada; continuava a berrar pelo escudeiro.

– Sancho, Sancho, depressa! Meu cavalo, meu escudo e minha lança!

O escudeiro saiu correndo em busca do Rocinante, mas, com a atrapalhação, errou e selou o Conselheiro, trazendo-o pelas rédeas ao amo furioso. Sempre de olhos fitos no monstro, D. Quixote não deu pelo engano e montou no Conselheiro. E, enfiando o escudo e enristando a lança, partiu veloz ao encontro do inimigo.

– Quem é este freguês tão estourado? – perguntou Belerofonte.

– Pois é o famoso D. Quixote de La Mancha, não conhece? Um tremendíssimo herói de cem batalhas, mas de miolo mole. Tem a mania de combater monstros e gigantes imaginários. O duelo vai ser horrível...

Narizinho havia acordado Dona Benta, e Emília feito o mesmo com a tia Nastácia, a qual fugira para a cozinha, fazendo uma dúzia de sinais "em nome do pai" errados. "Credo, credo, credo!"

Era inevitável o choque entre o cavaleiro da Mancha e a Quimera caduca. Quindim – que cada vez compreendia menos o que se passava por ali – recuou uns passos, muito curioso de ver no que daria aquilo. Um homem de ferro, com uma longa lança em punho, montado no pobre burro falante, a investir contra um monstro de três cabeças. "Só mesmo voltando para as florestas da África", pensou ele.

Contudo, o que aconteceu foi menos heroico do que cômico. O Conselheiro, com o fidalgo em cima, avançou para a Quimera com muito má vontade e, a dez passos de distância, empacou. O herói viu-se atrapalhado. Não conseguia alcançar com a ponta da lança o "infame Freston", que, para ainda mais iludi-lo, simulava uma cara muito humilde e triste, como estivesse pedindo desculpas. D. Quixote fincava as esporas no Conselheiro sem conseguir que o burro desempacasse.

Só, então, percebeu que não estava montado no valente Rocinante.

– Infame mágico! – exclamou. – Acaba de me transformar em vítima de mais uma das suas infernais maquinações: transformou o meu valente corcel de mil batalhas num miserável burro de carroça...

– Isso também não! – gritou Emília furiosa.

– Dobre a língua. O Conselheiro nunca foi burro de carroça, nem aqui, nem na casa de seu sogro. Fique sabendo que é o primeiro burro do mundo – falante e sábio. Não admito que o tratem desse modo, ouviu, seu Latoeiro?

– Que é isso, Emília? Mais respeito com os hóspedes – alertou Dona Benta.

O herói Belerofonte resolveu intervir. Correu lá e, com muita dificuldade, convenceu D. Quixote de que a Quimera lhe pertencia por direito de conquista, visto como a vencera havia séculos, nos tempos heroicos da Grécia. Custou-lhe muito convencer o teimoso fidalgo, mas, por fim, conseguiu trazê-lo para a varanda. D. Quixote voltou e caiu na redinha, assoprando as fumaças da cólera recolhida.

– Acalme-se, acalme-se – dizia Dona Benta. – Aqui todos somos de paz. Também eu me assustei com a Quimera, mas veja como estou sossegadinha...

E voltando-se para a Emília:

– Corra lá dentro e diga a tia Nastácia que traga um café bem quente com bolinhos.

Minutos depois, D. Quixote e o herói saboreavam o café bem quente de tia Nastácia – mas apenas o café.

– O que houve com os bolinhos? – reclamou Dona Benta.

– Ah, Sinhá, "Seu" Sancho comeu tudo! E mais tudo quanto havia na copa: o pernil de porco, a pamonha de milho-verde que fiz para sobremesa. Ele é muito pior que Rabicó, Sinhá...

Dona Benta deu um suspiro puxado.

OS DOIS ESTROPIADOS

Acalmada a situação, os meninos lembraram-se do Visconde e contaram a Dona Benta a tragédia do Cedro Grande.

– Pois é isso, vovó, o coitadinho quebrou-se por dentro. Nós estávamos fazendo a maca para trazê-lo, quando a Quimera surgiu. Foi o tempo de fincar o pé no mundo – e fomos dar no palácio de Branca de Neve. Depois apareceu este senhor herói grego, dono da Quimera, que nos contou que o monstro é manso – caduquíssimo. Voltamos, então, à procura do Visconde, mas nem sinal.

– Teria sido devorado pela Quimera?

– Foi o que Emília pensou – disse Narizinho –, mas acho que não, porque a Quimera atravessou a cerca pela porteira e, como a chave estava com o Visconde, isso é sinal de que ela não o comeu. Se tivesse comido, a chave também teria sido perdida. Além de que a Quimera é carnívora e o Visconde, erva – é a comida de herbívoros.

– Mas onde está ele, então?

Ao fazerem essa pergunta, uma vozinha muito conhecida soou no terreiro:

– Estou aqui, o Pequeno Polegar!

– Aqui, onde? – berrou Pedrinho.

– No lombo da Quimera. O monstro nos trouxe montados nele, mas não podemos apear, porque estamos estropiadíssimos! Eu com o pé destroncado, ele com a perninha quebrada.

– Será possível? – exclamou Emília. – Pois Polegar não está no ninho do João-de-barro?

– Esteve – respondeu o Visconde. – Mas os passarinhos o atacaram com a maior fúria, e tanto fizeram que o derrubaram da árvore. O coitadinho caiu de mau jeito e...

– Que horrível tragédia! – exclamaram os meninos correndo na direção do monstro.

Os dois ilustres personagens estavam de fato sobre o lombo da Quimera, agarradinhos. Surgiu uma dificuldade. Como descê-los de lá? Embora soubessem que o monstro já estava mansíssimo, nenhum dos três se animava a aproximar-se. Emília lembrou-se do herói.

– Senhor Fontebelero – gritou ela atrapalhando-se toda. – Faça o favor de vir tirar estes estropiados de cima da sua Miquera.

O herói foi e tirou-os, trazendo-os na palma da mão para a varanda.

Polegar gemia de dor. Dona Benta examinou-lhe a perna.

– Quebrada, sim, com um ossinho aparecendo, mas há de sarar. Tia Nastácia tem um remédio ótimo para isto. Numa semana ou duas, já estará bem.

– E se ficar aleijado?

– Pedrinho arruma-lhe um par de muletas de pau de fósforo – disse Dona Benta, pedindo para entregar o doentinho à empregada.

Depois de consertar o Visconde, tia Nastácia despiu a perninha de Polegar para o exame.

BELEROFONTE CONTA A SUA HISTÓRIA

Os meninos não largavam o herói Belerofonte. Era a primeira vez que viam diante de si um herói dos tempos heroicos da Grécia – sim, porque a Grécia teve tempos heroicos antes de ter tempos iguais aos de todos os outros países.

Nesses tempos heroicos, tudo lá eram maravilhas – deuses e semideuses, ninfas e faunos pelas florestas, náiades e tritões nas águas e silfos nos ares. O tremendo Hércules andava realizando aqueles prodígios denominados "Os Doze Trabalhos de Hércules", cada qual mais assombroso.

Ah, a Grécia foi a verdadeira juventude da imaginação humana. Depois da Grécia, essa imaginação foi ficando adulta e sem graça – lerda. Nunca mais teve o poder de criar maravilhas verdadeiramente maravilhosas. Aquele herói Belerofonte, por exemplo...

– Senhor herói – murmurou Emília, plantando-se-lhe na frente. – Conte-nos um pedaço da sua vida, que deve ser uma beleza...

Era tão formoso o herói que todos não tiravam dele os olhos – até tia Nastácia o espiava lá da copa, de minuto a minuto. Perto dos gregos antigos, os povos de hoje parecem verdadeiras corujas.

– Ah, a minha história! – exclamou Belerofonte. – Corre mundo contada por numerosos poetas, entre eles o velho Hesíodo e o grande Homero.

Ilustração de Mary Hamilton Frye

– Este eu sei quem é – disse Pedrinho. – Um cego que andava pelas ruas contando histórias.

– Sim, o maior poeta da antiguidade. Até hoje seus poemas são lidos, admirados e estudados pelos homens.

– A *Ilíada* e a *Odisseia*! Vovó já nos falou neles.

– Mas não basta conhecê-los de nome – observou o herói. – É preciso lê-los.

– Vovó diz que ainda é cedo, que há uma leitura para cada idade.

– E tem razão. Realmente ainda é cedo para vocês compreenderem Homero – disse o grego.

– Mas conte-nos a sua história, herói – insistiu Emília. – Como foi que venceu e apagou o fogo da Quimera?

Belerofonte sorriu da pergunta e contou:

– Isto é velho como o tempo – disse ele. – Foi na Lícia, um reino que houve na Ásia Menor, governado pelo Rei Ióbates. Sim, na Lícia... – e Belerofonte fez uma pausa, pensando em velhas recordações. Deu um suspiro e continuou:

– Misteriosamente apareceu na Lícia um terrível monstro que se meteu a fazer espantosos estragos na população: a Quimera. Tinha três cabeças, uma de leão, outra de cabra e outra de serpente. Bastava isso para que já fosse um hediondo monstro, mas não ficava nisso, pois as três cabeças tinham a propriedade de expelir um fogo infernal. Essa circunstância o tornava invencível, pois não permitia que ninguém o atingisse – as línguas de chama torravam os atacantes à distância. E ainda com esse fogo, a Quimera incendiava florestas e aldeias. Tão ruins foram ficando as coisas que o Rei Ióbates, no maior dos desânimos, só pensava em fugir de lá antes que aquilo virasse um deserto.

Foi quando cheguei. Eu estava em pleno apogeu da mocidade, todos ardores e avidez da glória. Naquele tempo, os moços só podiam distinguir-se realizando feitos heroicos. Era no período em que tínhamos no grande Hércules o modelo supremo. Equiparar-se a Hércules constituía o sonho de todos os jovens gregos.

– E o senhor tinha ido à Lícia justamente para procurar aventuras, não é? – perguntou Narizinho.

– Sim, fora esse o objetivo da minha viagem. Saí de casa para correr mundo e realizar façanhas.

– Tal qual o senhor D. Quixote – lembrou Emília. – Ele também varejava a Espanha atrás de aventuras, mas apanhou demais, o coitado. Cada sova...

Todos voltaram os olhos para o Cavaleiro da Mancha, que por felicidade não ouvira a inconveniente observação.

Belerofonte continuou:

– Logo que o Rei Ióbates teve a notícia da minha chegada, lembrou-se da Quimera. "Quem sabe se esse moço é capaz de destruir o flagelo que está arruinando o meu reino?". Mandou me chamar e apresentou a situação.

– Por que não tentas a gloriosa empresa? – disse-me por fim.

Aceitei a luva.

– Real senhor – respondi – O vosso convite me fala à ambição. Vou dedicar minha vida inteira ao combate ao monstro.

Saí. Informei-me de tudo quanto corria na boca do povo a respeito da Quimera – os lugares que frequentava, a caverna em que morava, seus hábitos e suas inclinações. Percebi logo a rematada loucura que seria contar apenas com as minhas armas comuns, a espada e a lança.

– Que falta fazia naquele tempo uma boa Mauser! – exclamou Pedrinho. – Hoje não há mais desses monstros, porque, com uma bala dundum, qualquer caçador dá cabo deles.

O príncipe, que não sabia o que fosse Mauser, não entendeu e continuou:

– Eu tinha de aliar-me a um cavalo, mas a um cavalo excepcional e que possuísse dons fora do comum.

– Como o Bucéfalo de Alexandre – lembrou Narizinho.

O príncipe também não entendeu, porque Bucéfalo não era o cavalo do tempo dele. E continuou:

– Mas onde, esse cavalo? Pondo-me a indagar, encontrei no povo a tradição dum corcel de asas, de nome Pégaso, mas a dúvida empolgou. Seria a lenda ou a realidade? Consultei muita gente, sem conseguir informações seguras. Uns diziam ter visto nas nuvens, muitíssimo alto, um corcel de deslumbrante alvura; outros afirmavam que era ilusão, que o tal corcel não passava de garça ou outra ave qualquer. A certeza ninguém me deu.

Certo dia, na peregrinação em que eu andava em demanda de notícias de Pégaso, fui ter a uma fonte famosa, cujas águas cristalinas fluíam entre pedras num campo de extrema beleza. Tinham me contado que, de tempos em tempos, naquelas águas se refletia a imagem de Pégaso pelas nuvens. Era uma fonte maravilhosa. Por uma questão de ciúmes, a deusa Diana havia matado com suas flechas o filho de uma formosa mulher de nome Pirene, a qual de tanto chorar se derretera e se transformara nessa fonte.

Encontrei lá um velho, uma jovem camponesa e um menino. Pedi informações aos três. O velho riu-se da minha pergunta; a jovem camponesa disse que podia ser que sim, podia ser que não; já o menino afirmou, com a maior segurança, ter visto a imagem de Pégaso refletida na água da fonte. Suas palavras encheram-me de esperança, porque dou mais fé a um menino do que a um moço ou a um velho.

Pedrinho e Narizinho remexeram-se de gosto com aquela derrota dos adultos.

– E como era a imagem que viste na fonte? – perguntei ao menino.

– Oh! – respondeu ele. – Era uma coisa linda que até me doeu os olhos, de tanta alvura. Mas foi visão rápida. O cavalo de asas saía de uma nuvem e entrava em outra. Enxerguei-o só por um instantinho.

– E não olhaste para cima?

– Não tive coragem...

Acreditei em suas palavras e deixei-me ficar por ali muitos dias, na esperança de também ver a imagem de Pégaso na fonte.

Diariamente passava horas e horas mirando o espelho das águas.

– E viu, afinal! – adivinhou Emília.

– Sim, vi. Um dia vi – e deslumbrei-me! Era o espetáculo mais maravilhoso que a imaginação humana possa conceber. Fiquei encantado! Mas, nesse dia, Pégaso não passou de uma nuvem para outra. Começou a dar voltas em espiral. Vi que vinha descendo...

Eu levava comigo um freio mágico, de ouro. Se conseguisse aproximar-me de Pégaso e lançar-lhe esse freio, instantaneamente, o transformaria no mais manso e dócil corcel do mundo. E como vinha descendo para beber naquela fonte, senti que a minha grande ocasião era chegada. Ocultei-me na moita próxima e esperei.

– E ele foi e "sentou!" – disse Emília, batendo palmas.

– Sim, pousou a vinte passos distantes da moita. Pousou e fechou as asas cor de neve. Aproximou-se da fonte na qual bebeu regaladamente. Em seguida, pastou umas flores do campo e deitou-se de pernas para o ar.

– Isso é espojar-se – explicou Pedrinho. – O Conselheiro faz sempre.

– Sim, espojou-se com delícias, como qualquer cavalo comum. Eu, perto, aguardava o momento oportuno para o bote. De repente, zás! Criei coragem e saltei-lhe sobre o lombo. Oh, o espanto de Pégaso e o salto que deu! Senti-me arremessado às alturas. Pégaso corcoveava como um demônio. Agarrei-me com toda a força ao encontro de suas enormes asas e tive a felicidade de não cair. Pégaso – que jamais fora montado por ninguém – não podia compreender o que se passava; aquele estranho peso em seu lombo – um homem bifurcado nele – pinoteou e corcoveou, fazendo o que pôde para agarrar-me com os dentes. Depois desceu ao campo e experimentou novos pinotes em terra – corcovos e empinamentos. Eu, firme!

– Isso é que é ser peão! – berrou Pedrinho. – Se fosse aquele Chico Macota, do Coronel Teodorico, já havia se esborrachado cem vezes. O homem é só prosa e pinga...

Belerofonte prosseguiu:

– Em dado momento, Pégaso parou um instantinho para pensar. Curvei-me então sobre o seu pescoço e lancei o freio. Pronto! Instantaneamente o cavalo se transformou num cordeiro de mansidão.

– Só porque pensou – disse Emília. – É um perigo! Nastácia conta a história de um burrinho que morreu de tanto pensar.

Belerofonte lançou à boneca um olhar desconfiado e prosseguiu:

– Bem, metade da minha empresa estava realizada. Tinha de cuidar da outra metade: a luta contra a Quimera. Dei rédeas a Pégaso e subi a grande altura. De lá olhei o mundo que tinha a meus pés, para nortear-me, e lancei-me na direção do reino da Lícia. Como Pégaso fosse baixando, breve pude distinguir um trato de terras pedregoso, árido, sem vegetação, onde havia um grande amontoamento de rochas. "Deve ser ali a caverna do monstro" – pensei comigo. E era.

Fiz Pégaso pousar bem em frente à sombria boca da caverna. Olhei. Lá estava a Quimera dormindo, mas dormindo ao modo dos bichos de três cabeças: enquanto duas dormem, a terceira vela.

– Qual a cabeça que velava? – perguntou Pedrinho.

– A da serpente, mas, assim que me viu, acordou as outras.

– De que modo? – quis saber a Emília. – Com um grito ou uma cotovelada?

Narizinho cutucou-a:

– Onde você já viu cotovelo em cabeça de cobra, Emília?

– Numa terra de bichos de três cabeças, bem que pode haver cotovelos e até tornozelos na cabeça das cobras.

Dona Benta deu uma risadinha filosófica.

Belerofonte continuou:

– Assim que as outras cabeças acordaram, o monstro voltou-se na minha direção, e das três horrendas goelas saiu um jato de chamas que, por um triz, não nos torrou. Mesmo assim, algumas penas de Pégaso ficaram chamuscadas. Mas que animal ligeiro! De um arranco, colocou-se fora do alcance do jato.

– Com certeza foi daí que os alemães tiraram a ideia daqueles lança-chamas que usam na guerra – observou Pedrinho.

– Colocou-se fora do alcance das chamas! – repetiu Belerofonte. – E numa fulminante manobra de flanco, aproximou-se de Quimera, o necessário para que eu pudesse atingi-la com a ponta da espada. Atirei um golpe certeiro, que decepou a carótida do pescoço da cabeça de leão.

Pedrinho mostrou em si qual era a veia carótida, que nos degolamentos os degoladores cortam.

– Esguichou um sangue negro – prosseguiu o herói – e a horrenda cabeça caiu, pendurada pelas muxibas do cangote, enquanto Pégaso se afastava com a velocidade do raio. Outro esguicho de fogo saiu das cabeças restantes, e novamente as asas de Pégaso foram chamuscadas. Isso porque, apesar da rapidez do seu recuo, as chamas tinham avançado a maior distância do que da primeira vez. O fogo interno que já não podia sair pela cabeça cortada viera somar-se ao fogo das outras duas. O jato, portanto, foi duas vezes mais violento que o primeiro.

– Devia ser só um terço mais violento – corrigiu o Visconde, sempre afiado em matemáticas.

Belerofonte arregalou os olhos, e já ia abrindo a boca para sustentar que era o dobro quando D. Quixote interveio:

– Paciência, grego, o Visconde está certo. Continue.

Belerofonte, um tanto desapontado continuou:

– Pégaso repetiu a manobra e pude cortar a carótida da segunda cabeça – a de cabra. E, por fim, cortei a última – a de serpente.

– Está claro que a última era a de serpente – observou D. Quixote, que estava começando a implicar-se com o grego.

– Isso não! – protestou Emília. – Naquela desordem, ele podia ter errado o golpe e cortado a cabeça de Pégaso.

O herói agradeceu-lhe a respostinha e terminou a história:

– Estava conclusa a minha tarefa. Eu havia destruído o monstro assolador do reino da Lícia.

– Bravos! – gritou Emília batendo palmas. – Só quero agora que me explique como é que o monstro está aqui mais vivo do que nunca.

Belerofonte explicou:

– É que eu não tinha intenção de destruí-lo totalmente, bastava inutilizá-lo. De modo que me desmontei e dei uns pontos nas carótidas cortadas, isso depois de ter-lhe aberto o papo e extraído de dentro a glândula da maldade. A Quimera sarou das cortaduras, ficando essa mansidão que todos sabem.

– Bem diz vovó que é nas glândulas que estão todos os segredos do nosso corpo – lembrou Pedrinho. – Cada glândula serve para uma coisa, governa uma coisa. Existe, por exemplo, uma tal glândula tireoide que governa o crescimento dos animais. Se ela funciona com muita força, sai um gigante; se ela cochila, sai um anão.

– Mas será que os gregos daquele tempo já sabiam disso? – duvidou Narizinho.

Dona Benta respondeu:

– Os gregos, minha filha, sabiam por intuição todas as coisas que os modernos sabem por experiência; isto é, sabiam sem certeza – adivinhavam. Foram os adivinhadores do mundo. As nossas certezas modernas baseiam-se na experiência. As certezas dos gregos baseavam-se no palpite, isto é, numa espécie de adivinhação. Não há teoria moderna que não esteja esboçada na obra de um antigo sábio grego.

– Assim é, minha senhora – confirmou Belerofonte, admirado da sabedoria da velhinha. – Eu abri o papo da Quimera e, vendo lá a glândula, cortei-a sem saber o que fazia. Mas qualquer coisa me cochichava que era ali a sede da maldade do monstro. E era.

– E que prêmio recebeu do tal Ióbates? – perguntou Emília.

Belerofonte ia abrindo a boca para responder, quando um tumulto no terreiro o atrapalhou. Um coricocó havia soado.

– Peter Pan! – exclamaram os meninos no maior assanhamento – e saíram correndo para ver.

O MAR INVADE O CASTELO DE BRANCA

— Que há, Peter? – perguntou Pedrinho, vendo-o de cara assustada.

Peter Pan nem podia falar, da carreira que dera até ali.

Tomou dez fôlegos antes de responder:

– Uma desgraça, Pedrinho – disse por fim. – Imagine que eu estava arrumando nas Terras Novas o Mar dos Piratas (um pedaço só), quando desmoronou um morro e a água foi alcançar o castelo de Branca de Neve, inundando tudo. Só ficou de fora a torre mais alta. Branca e os sete anões estão lá em cima da torre, tremendo de medo que a água suba mais e os afogue.

A notícia causou profunda consternação. Emília correu em busca do binóculo para espiar o que restava do lindo castelo.

– Felizmente, a água parou de subir – disse ela depois do exame. – Mas os "náufragos" não sabem disso e continuam no maior dos desesperos, torcendo as mãos e chorando. Se pudéssemos avisá-los de que a água parou de subir...

Mas avisá-los como? Canoa, não havia ali nenhuma. A única embarcação existente na zona era a "Hiena dos Mares" do Capitão Gancho.

– Não há remédio! – propôs Pedrinho. – Temos de recorrer à "Hiena dos Mares."

– Parece simples – disse Peter Pan –, mas você esquece que o Capitão Gancho é nosso inimigo e, por coisa nenhuma, nos cederia o seu barco. Se fosse para atacar e destruir a torre, ainda vá lá, mas para salvar alguém, isso nunca. Aquele diabo é a pior das biscas.

Ficaram todos atrapalhados por alguns momentos, pensando muito. De repente, Emília bateu na testa.

– Há um jeito: atrair o Capitão Gancho para aqui e prendê-lo na despensa. Depois fantasiamos Sancho de pirata, e Sancho vai lá e engana a tripulação, dando ordem ao navio para salvar os náufragos.

Em falta de melhor sugestão, a ideia da Emília foi aprovada.

– Antes de tudo, porém – observou Peter Pan – temos de descobrir um jeito de avisar Branca que a água parou de subir, se não ela morre de medo. Não haverá por aqui algum pombo-correio, alguma coisa que voe?

– Há o galo carijó – murmurou Pedrinho.

Emília bateu na testa:

– Há o Pégaso! Pégaso! Pégaso!...

Aquela lembrança foi um raio de sol no escuro. Belerofonte correu ao pastinho para dar a ordem ao maravilhoso corcel, o qual, no mesmo instante, partiu pelos ares como uma enorme garça alvíssima.

– Que beleza! – exclamou Narizinho – e todos igualmente se extasiaram com o voo maravilhoso – todos, menos Belerofonte, que já se enjoara de ver aquilo.

Pégaso foi e deu o recado. Ah, e Branca de Neve suspirou aliviada! Ela ficou muito feliz ao saber que, no sítio de Dona Benta, estavam cuidando de arrumar uma embarcação para salvar ela, os anões e todos os seus tesouros!

No entanto, Dunga não concordou.

– Perdão, Branquinha – disse ele. – O que me parece mais correto é você já ir para o sítio montada neste cavalo. Nós ficaremos à espera do navio.

Os outros anões concordaram imediatamente. Branca resistiu, não queria separar-se deles; mas, no final, teve de ceder. Montou no Pégaso e lá se foi. Quando o cavalo de asas "sentou" no terreiro e a criançada viu em cima dele a adorada princesinha, foi um clamor.

– Viva, viva!...

Branca saltou, ainda tonta da viagem aérea, e correu para o colo de Dona Benta.

– Ah, que susto, "vovó"! Quando as águas começaram a invadir as nossas terras e o Dunga, na maior das aflições, veio me avisar...

– O Dunga? – espantou-se Emília. – Mas ele não é mudo?

– Foi mudo, minha cara. O pavor o fez recuperar a voz. Eu fiquei de pernas moles, quando vi o coitadinho aproximar-se, de olhos arregaladíssimos, berrando: – "O mar vem vindo e engolindo todas as terras!". Foi ele o primeiro a observar o fenômeno. Avisou-me e avisou os demais. Imediatamente todos se puseram a carregar os nossos sacos de diamantes, dos porões para o alto da torre. E ficamos reunidos lá, morrendo de medo, até que um vulto branco apareceu no céu. Vinha vindo, vinha vindo. Chegou. Era Pégaso. Que alívio... Quem teve a abençoada ideia de me mandar o cavalo de asas?

– Fui eu! – berrou Emília radiante. –, mas Dona Benta contestou.

– Não, Branca, o seu verdadeiro salvador foi Peter Pan. Se ele não houvesse aparecido aqui com a notícia da inundação, ninguém se lembraria do cavalo de asas.

– Mas fui eu que me lembrei de Pégaso para levar o recado – insistiu Emília. – Pedrinho só pensou no galo carijó.

– Grande coisa! – exclamou Pedrinho. – Fatalmente tínhamos de lembrar de Pégaso, já que era o único amigo de asas que havia por aqui. Todos se lembrariam dele, até a Quimera. Se você berrou o nome de Pégaso antes dos outros, foi simplesmente porque é a *Lambeta-Mor*, como diz o Visconde.

– Nada de encrencas! – acalmou Dona Benta. – Podemos repartir a "abençoada ideia" entre Peter Pan e a Emília.

Peter Pan, que era orgulhozinho, desistiu da sua parte.

– Muito obrigado. Cedo a minha metade à Senhora Marquesa, já que faz tanto caso de glórias. Poderá guardá-la no seu museuzinho, junto com o pé de frango de seis dedos...

Emília não gostou da piada.

Após o incidente, puseram-se a discutir o meio de prender na despensa o Capitão Gancho. Cada qual apresentava um protejo que, por esta ou aquela razão, era logo repelido. Estavam nesse debate, quando tia Nastácia entrou com o café.

– Ué, Sinhá! Então, está de neta nova? – disse ao ver Branca no colo de Dona Benta.

Depois, ao inteirar-se do caso em discussão, a tia Nastácia deu uma risada gostosa.

– Tão simples, Sinhá! Pois basta que "Seu" Pedrinho convide o tal Gancho para um café com bolinhos. Juro que ele vem correndo!

Todos admiraram-se da simplicidade da ideia, que parecia um achado de Colombo. Quem sabe? Café com bolinhos ninguém rejeita. Quem sabe?

– Aprovo a ideia – disse Pedrinho – e podemos mandar o convite pelo Visconde. Visconde! Visconde!... Visconde!...

O VISCONDE ENTRA EM CENA

O "sabinho" estava no pasto, conversando com o Conselheiro.

– Acabou-se o nosso sossego – dizia o Burro Falante, cheio de saudades do tempo antigo. – Com a mudança do País das Maravilhas para cá, as encrencas começam a acontecer uma atrás da outra.

– Também penso assim – concordou o Visconde – e a maior vítima sou sempre eu. Para as coisas perigosas, só se lembram de mim. Fizeram me trepar no Cedro Grande para dar o recado ao Polegarzinho. Houve lá um quiproquó e levei botada no nariz. Caí! Quebrei uma perna! Destronquei um pé. Felizmente Nastácia já me consertou...

– É essa a razão da escolha do Senhor Visconde para as aventuras arriscadas – disse o Burro Falante. – O Senhor Visconde é "consertável"...

– Sim, tia Nastácia costuma me consertar. Já com o Polegar não pôde fazer o mesmo, porque ele é de carne – tem de sarar com o tempo. Tia Nastácia mobilizou a sua perninha e amarrou com um cadarço. Só nestes quinze dias ele poderá erguer-se da cama.

Estava a conversa nesse ponto, quando soou o berro:

– Visconde!...

– Olhe lá – disse o "sabinho." – Estão me chamando. Juro que é a nova comissão e das mais arriscadas...

Mas foi ver o que era.

– Visconde – disse Pedrinho – corra à praia do Mar dos Piratas e convide o Capitão Gancho para um café com bolinhos aqui no sítio.

– Que história é essa?

O Visconde não estava a par dos fatos e exigiu que o pusessem no conhecimento de tudo. Resmungou um pouco, mas obedeceu. E foi.

Chegando à praia, encontrou o Capitão Gancho em um praguejamento horrível contra os seus homens, naquele momento ocupados nas manobras do navio. Gancho estava sentado sobre uma barrica de pólvora, suando muito. Ufa! Que calor!

– Senhor Capitão – disse o Visconde –, venho do sítio de Dona Benta convidá-lo para um cafezinho com bolinhos na varanda. Além disso, terá torradas, pipocas...

O Capitão arregalou os olhos e, sem querer, lambeu os beiços. A palavra "bolinhos" lhe deu água à boca, mas desconfiou.

– De quem é o convite?

– Nosso! De Dona Benta, Narizinho, Pedrinho, Emília e eu.

O pirata continuava desconfiado.

– O maldito Peter Pan anda por lá? – perguntou.

O Visconde fez a carinha mais inocente do mundo. Não gostava de mentir, mas, naquele instante, era forçado a enganar o Capitão – e teve uma saída verdadeiramente Emiliana.

Pensou um minutinho, já com rugas na testa e disse:

– Peter Pan? Ah, já sei. O senhor refere-se ao Peninha.

– Que Peninha? – berrou o pirata, que nunca soube quem era o Peninha.

– Pois o Peninha – tornou o Visconde – é aquele menino que nos apareceu uma vez e nunca mais. Um que canta como galo e não cresce.

– Pois então é o mesmo Peter Pan! – berrou o pirata. – Só o Peter Pan tem essa história de não crescer. Com seiscentos milhões de caramujos! Há anos que esse menino me persegue de todas as maneiras, mas hei de vencê-lo um dia. Não perco as esperanças nunca...

– Sim, o Peninha! – exclamou o Visconde.

– Ah, que saudades temos dele! Infelizmente só nos apareceu no dia da viagem ao País das Fábulas. Depois disso, nunca mais.

– Então, Peter Pan não está lá agora?

– Peninha não está, não. Antes estivesse... Dessa maneira, confundindo o Peninha com Peter Pan, o Visconde iludiu o Capitão Gancho, sem ter necessidade de mentir. Só afirmou que o Peninha não estava... O estúpido chefe dos piratas não percebeu a artimanha e resolveu aceitar o convite.

– Queira ter a bondade de me acompanhar.

Foram.

A entrada do Capitão Gancho no terreiro causou viva impressão. Peter Pan escondeu-se atrás de Dona Benta, enquanto D. Quixote levava a mão ao copo da espada.

Gancho espantou-se de ver ali aquele estranho guerreiro entalado em armadura de ferro e, mais ainda, de avistar lá fora o horrendo bicho de três cabeças ao lado do Quindim.

Compreendeu que tinha de comportar-se muito bem, pois estava em grande inferioridade de forças. A sua atitude medrosa fez que Pedrinho desistisse da ideia de trancá-lo na despensa.

– Não vai ser preciso. O covardão já se apavorou com a vista de D. Quixote e da Quimera. Não oferecerá resistência. Podemos agir sossegados.

E assim foi.

Peter Pan e Pedrinho saíram dali disfarçadamente e foram fantasiar Sancho como chefe de piratas, enquanto o chefe verdadeiro, afundado numa poltrona de vime, esperava o café, olhando muito ressabiado ora para o guerreiro de ferro, ora para o bicho de três cabeças.

Sancho lá na cozinha relutou em prestar-se ao papel de pirata fingido, mas tia Nastácia venceu-lhe a resistência com a promessa de um pernil de porco assado, enfeitado com rodelas de limão.

– Este "Seu" Sancho – cochichou ela para Pedrinho – é que nem Rabicó. Quem quiser qualquer coisa dele, basta mostrar alguma coisa de comer.

Era preciso fantasiar Sancho de chefe de piratas. O mais difícil foi arranjar um gancho para o seu braço direito.

Pedrinho lembrou-se de um trinchante que havia no armário; entortou-o em forma de gancho e amarrou-o na munheca do escudeiro. Saiu mais ou menos; de longe enganava. O restante foi simples: uma faixa vermelha na cintura (o xale velho de tia Nastácia), o facão de cozinha enfiado na cinta e outros detralhes. Sancho ficou um Capitão Gancho bastante simples e gordo, mas passava. Os piratas deviam estar bêbados, porque sempre que ficavam sós caíam na pinga. Aos bêbados não é difícil enganar.

Arrumado assim o escudeiro, lá se foram rumo à praia.

Sancho fazia tudo como Peter Pan ia mandando.

– É preciso não ter dó de gastar pragas – disse o menino – e todas elas com seiscentos milhões de qualquer coisa – caravelas, caramujos, raios, hipopótamos. Os piratas não se movem senão à força de pragas.

Sancho compreendeu. Sentou-se na barrica de pólvora e berrou para os tripulantes do navio:

– Com seiscentos milhões de dromedários! Armar pano! Velejar a boreste, rumo à torre do castelo inundado! Recolher os náufragos e os respectivos tesouros! Trazer tudo para esta praia – depressa!

– Mas não sobe ao navio para comandá-lo? – cochichou Pedrinho.

– Ah, isso nunca! – protestou Sancho. – Não nasci para marinheiro. Só de olhar para as ondas já vomito os bofes, além de que eles poderiam perceber a mentira ardilosa e darem-me cabo do canastro.

Peter Pan achou razoável a objeção.

– Nesse caso, nomeie um chefe – indique para o comando do navio ao Starkey, que de todos esses piratas me parece o melhor.

Sancho berrou de novo para a tripulação:

– Com seiscentos milhões de caranguejos! Ordeno que Starkey assuma o comando – e forca para quem o desobedecer!

Rapidamente o navio começou a apressar-se; minutos depois, ergueu a âncora e partiu. Lá da varanda, Emília tudo acompanhava através do binóculo.

– O plano está saindo certinho! – berrou ela. – A "Hiena dos Mares" já levantou a âncora e lá se vai de velas enfunadas na direção da torre.

Ah, por que foi a abelhuda criaturinha dizer aquilo em voz tão alta? Imediatamente, o Capitão Gancho percebeu a armadilha em que havia caído e, quando estava comendo um bolinho, engasgou. Foi preciso que Belerofonte lhe desse vários tremendos murros nas costas.

– Traição! Traição! – esbravejou ele, depois que se viu livre do bolinho. – Fui miseravelmente enganado pelo infame sabugo! Juro que Peter Pan está por aqui! A alma danada disso tudo só pode ser ele – e, na cegueira da sua fúria, deu com o pé na bandeja de tia Nastácia, saltou a cerca e pôs-se a correr na direção da praia.

– E agora? – murmurou Dona Benta, tremendo de medo.

– Alcançar o navio ele não alcança – disse Belerofonte –, mas o melhor é não o deixarmos sair daqui – e gritou para Pégaso que cercasse o Capitão no caminho. Quando o chefe dos piratas, lá longe, viu surgir diante de si o cavalo maravilhoso, estarreceu de assombro. Com a ponta das asas, Pégaso foi o colocando para trás e para trás e para trás até o terreiro.

Chegando lá, o bandido não teve outro remédio, senão subir novamente a escadinha da varanda e se afundar na poltrona de vime. Bufava que nem locomotiva, mas era um bufo murcho.

Compreendeu que qualquer resistência seria inútil.

DERROTA DOS PIRATAS

A "Hiena dos Mares" conduzida por Starkey chegou à torre do castelo submergido e recolheu os anões, com todos os tesouros de Branca de Neve. A vista, porém, de tantas preciosidades, virou instantaneamente a cabeça daqueles homens sem Deus e nem lei. Starkey reuniu-os e disse:

– O Capitão Gancho ficou sozinho lá na praia; logo, somos nós os donos do navio! Proponho um motim. Deporemos o velho Gancho e ficaremos donos destes tesouros.

– E os anões? – quis saber um dos piratas.

– Podemos vender os anões como escravos. Devem ser ótimos para cuidar de jardins.

Todos concordaram – e um coro de alegria soou. Starkey prosseguiu:

– Em vista disso, proponho que velejamos em direção àquele palácio que avistamos à esquerda da embarcação. Podemos desembarcar lá e conquistá-lo; ficaremos morando nele, curtindo as delícias dos nossos tesouros.

A proposta foi aceita por unanimidade. Contudo, os piratas revoltosos não previram a esperteza da Emília. Sempre de olhos no binóculo, ela foi acompanhando todos os seus movimentos; viu que, em vez de velejarem rumo à praia, eles estavam velejando na direção do palácio do Príncipe Codadade – e, logo, se zangou.

– Os piratas estão nos traindo! – berrou ela com toda a força. – Em vez de tomarem a direção da praia, estão se afastando para longe.

– E agora? – exclamou Branca na maior das aflições.

O perigo faz que os cérebros trabalhem a toda força, de modo que, naquela dura emergência, houve ali um trabalho de miolos que dava gosto ver. Narizinho teve de repente uma ideia magnífica.

– Vamos mandar o Visconde prevenir o Príncipe do próximo ataque. Estando prevenido, Codadade poderá se defender.

Basta que suspenda a ponte levadiça do palácio.

Belerofonte deu o assobio com que chamava Pégaso. O maravilhoso cavalo saltou para o terreiro, já de asas semiabertas.

– Monte, Visconde – disse a menina – e vá avisar o Príncipe de que o navio dos piratas pretende atacá-lo. Depressa!

Com muita má vontade, o Visconde montou e partiu, mas não chegou ao destino "a cavalo", chegou "a crocodilo..."

– Homessa! Como? Por quê? Por uma razão que até parece mentira: por causa do casal de João-de-barro! Os dois passarinhos estavam voando justamente no ponto por onde Pégaso, com o Visconde no lombo, ia passar, de modo que viram o "sabinho" no lombo do Pégaso. Viram e avançaram contra ele, tomados de ira, pois o achavam que o companheiro do intruso que lhes havia invadido o ninho.

Atacaram-no a chutes – e tantos chutes que lhe deram que o Visconde caiu...

Emília ia acompanhando pelo binóculo.

– Que tragédia horrível, meu Deus! Os passarinhos atacaram o Visconde e o derrubaram n'água. E agora?

A aflição foi geral. Ao ver tudo isso sem amparo, Dona Benta sentiu a célebre pontada no coração.

Pedrinho, ausente; Peter Pan, ausente; Pégaso, ausente; o Visconde, ausente; e Sancho, ausente.

Belerofonte pouco valia sem Pégaso. D. Quixote também pouco valia sem Sancho. Dona Benta sentiu-se desamparada – e para aumento da sua aflição, havia aquele desespero de Branca de Neve.

– Os meus queridos anões! – chorava a princesinha. – Os meus tesouros, tudo roubado! Ai, ai, ai...

A atrapalhação foi tanta que Emília teve de largar do binóculo para assumir o comando. Ideias! Venham ideias! Emília dava murrinhos na cachola, vendo se saía alguma ideia boa. No começo, não saiu nada; depois, um sorriso de triunfo brilhou-lhe nos olhos.

– Acalmem-se! Ainda há "o supremo recurso" – disse a diabinha.

Todos voltaram-se para ela, suspensos.

– Fale, Emília, fale! – implorou Dona Benta.

– Há o "faz de conta"! Quando tudo parece perdido, eu recorro ao "faz de conta" e salvo a situação.

Continuaram todos em suspense, de olhos muito abertos, sem compreender.

– Facílimo – explicou Emília. – Faz de conta que o Visconde cai bem em cima do crocodilo do Capitão Gancho, o qual fatalmente deve estar nadando no Mar dos Piratas em procura do "resto." O Visconde cai bem em cima dele e conversa com ele, tapeando e o fazendo acreditar que o "resto do petisco", isto é, o Capitão Gancho, está no palácio do Príncipe Codadade – e o bobo do crocodilo, que é um estúpido, acredita e encaminha-se para lá – e o Visconde pula em terra, sãozinho e salvinho, e corre para avisar o Príncipe. Que tal?

Todos acharam excelente a solução. Mesmo porque ou era aquilo ou nada! O único defeito era ser uma solução muito cheia de "eles". Nos momentos angustiantes, Emília desprezava os pronomes oblíquos.

Mas deu tudo certo. O Visconde caiu bem em cima do crocodilo, e conversou com ele, e "tapeou-o", e "convenceu-o" de que o Capitão Gancho estava hospedado no palácio do Príncipe Codadade; e fez o crocodilo nadar para lá com a maior rapidez. O crocodilo, um verdadeiro bobo, engoliu tudo – e levou o Visconde à praia das "Mil e uma Noites" e ajudou-o a pular em terra. Instantes depois, o Visconde dava o recado ao Príncipe.

Codadade era um moço de coragem. Não se assustou. Subiu ao mirante do palácio e viu que realmente o navio vinha vindo de velas cheias de vento na sua direção.

– Espere que te curo! – murmurou cerrando os punhos – e desceu para ordenar o levantamento da ponte levadiça.

A ordem foi executada; em seguida, os guardas correram ao depósito do armamento, de onde tiraram todas as espadas, lanças e escudos.

O palácio estava em rigorosa prontidão, quando a "Hiena dos Mares" encostou num caís que havia. Os piratas desembarcaram sem demora, armados de trabucos de boca, de sino, com as facas entre os dentes. E avançaram. Porém ao perceberem a ponte levadiça já suspensa, romperam em pragas e maldições.

– Com seiscentos milhões de infernos! – rugiu Starkey.

– Fomos traídos. Alguém avisou ao dono deste palácio...

Nisto deu com os olhos numa coisa que o fez sorrir: cinco barris pequenos enfileirados ali perto. A vista de pipas, barris ou barrilotes causa sempre grande prazer aos amigos da pinga, porque pode ser pinga. Starkey esqueceu os milhões de infernos e correu a espetar com a espada um dos barrilotes. O cheiro do líquido que jorrou fez que suas ventas se dilatassem.

– Pinga, rapaziada! – gritou ele e os piratas lançaram-se aos barrilotes como gatos a ratos. Minutos depois estavam babando, caídos por terra – bebedíssimos. Então, os guardas do Príncipe vieram, amarraram-nos de pés e mãos e carregaram-nos para o calabouço do palácio.

Codadade espantou-se daquilo. Quem teria tido a luminosa ideia de vencer os piratas com pinga?

– Foi o sabuguinho de cartola que veio montado no jacaré – respondeu o chefe dos guardas. – Chegou-se a mim e sugeriu-me a ideia. Achei-a boa e, antes de levantar a ponte, mandei depositar lá barris com espírito de vinho.

Codadade, muito satisfeito, disse:

– Isto é o que se chama uma vitória incruenta. Vencemos sem derramar uma só gota de sangue...

Em seguida, foi com o Visconde inspecionar e tomar posse da "Hiena." Que chiqueiro imundo! Os dois visitantes tiveram de tapar o nariz. Tudo sebento, encardido, gorduroso.

– Vou mandar fazer neste navio uma esfregação com caco de telha. Depois transformá-lo-ei no meu iate.

– E se Vossa Alteza me permite – disse o Visconde –, eu proporei um bom nome para o futuro iate – "O Beija-Flor das Ondas."

Codadade concordou com a poética denominação.

SANCHO E RABICÓ

Cansados de esperar pela volta da "Hiena", Sancho, Peter e Pedrinho resolveram voltar ao sítio. Vinham caminhando em silêncio, bastante apreensivos, quando o escudeiro viu sair do capim seco e alto um leitão. Com a fome com que estava, pôs-se a correr atrás do animalzinho, disposto a pegá-lo, assá-lo e comê-lo ali mesmo.

Pedrinho riu para Peter Pan.

– Dou um doce se Sancho alcançar Rabicó. O Marquês é "taco" na corrida.

Sancho, muito gordo, continuava correndo atrás de Rabicó, até que foram os dois parar na cozinha de tia Nastácia.

Ao vê-lo surgiu de supetão, a cozinheira se assustou.

– Que fúria é essa, "Seu" Sancho?

– De um leitãozinho que achei lá no mato – respondeu o escudeiro, tentando alcançar Rabicó escondido debaixo da mesa.

Tia Nastácia soltou uma gargalhada gostosa.

– Ché! Isso não é leitão, não, "Seu" Sancho. É o Marquês, marido desquitado da Emília. Não mexa nele que o mundo cai.

Ilustração de Ricardo Balaca (Creative Commons)

Sancho ficou na mesma. Olhou para ela com cara de bobo.

– Sim – continuou tia Nastácia. – É o Marquês de Rabicó, marido da Emília – e contou toda a história do famoso leitãozinho, o seu casamento com a boneca, o divórcio, a vida agradável que o Marquês tinha no sítio.

– É um leitão sagrado, "Seu" Sancho. Muito desejo já tive eu de botá-lo na mesa, com um ovo na boca e rodelas de limão por cima, mas não houve jeito. Narizinho "pune" por esse malandro como se fosse filho dela.

Sancho ficou assombrado. Era a primeira vez que via porquinho assim – "Marquês" e adorado pelos donos. Suspirou.

– Que pena! Minha fome está danada e eu já vinha "fazendo boca" para o petisco.

– Pra tudo há remédio, "Seu" Sancho. Ali no forno, tem uma perna de porco assando, dessas da gente comer e adorar por mais. Tenha paciência. Daqui meia hora tá no ponto...

Sancho foi espiar o forno; contentou-se com o cheirinho, mas seus olhos não saíam de Rabicó.

– Que pena! Que pena! – suspirava ele.

A CARTA DO VISCONDE

Enquanto isso, todos lá na sala inquietavam-se com a sorte do Visconde. Pelo binóculo da Emília ficaram sabendo que ele alcançara a praia montado no crocodilo – mas só. Daí por diante, nada mais sabiam.

Nisto chegaram Pedrinho e Peter Pan. Emília contou-lhes a tragédia do Visconde caído n'água e a necessidade que teve de pedir socorro ao "faz de conta".

Pedrinho danou e saiu com o estilingue atrás dos passarinhos culpados de tudo aquilo, mas nada disse, de medo da repulsa de Narizinho. Chamou Peter Pan de lado e cochichou. Em seguida, saíram os dois rumo ao Cedro Grande.

D. Quixote e Belerofonte estavam conversando sobre façanhas. O Capitão Gancho ouvia, mal-humorado. O herói grego declarou que sua façanha era uma só, e isso porque fora uma tão grande que depois dela qualquer outra ficaria pequenininha.

– Sim, lutei e venci a Quimera, e conquistei Pégaso.

Depois disso, o que mais? Além de que a posse de Pégaso veio transformar-me a vida. Que maravilhosos passeios fiz pelas alturas, montado nele! Acostumei-me a voar. Desci em todas as terras, bebi de todas as fontes. Pégaso tinha o seu pouso no Monte Hélicon, um dos mais altos e belos da Grécia, e também eu elegi esse monte como o meu pouso habitual. Depois dos longos voos, ele descia lá para descanso e para tosar o excelente capim que lá viceja.

Ficamos os maiores amigos do mundo – e até hoje, séculos passados, não há maiores amigos do que nós. A minha façanha foi uma só, mas vale por mil. D. Quixote tomou a palavra.

– Pois a minha vida, senhor, correu bem ao contrário da sua. Já perdi a conta das façanhas que pratiquei. Combati gigantes terríveis, além de exércitos, mas o maldito mágico Freston sempre me roubou a maior parte das glórias. Era, por exemplo, um gigante que surgia na minha frente. Eu o atacava de lança em punho e, quando o ia vencendo, o maldito mágico, para roubar-me a glória, transformava o gigante em qualquer outra coisa – moinho de vento ou odres de vinho. Hoje estou velho, cansado e difamado. O tal Cervantes escreveu um enorme livro em que me pinta como me imaginou – não como na realidade sou. E o mundo cruel aceita com a maior ingenuidade tudo quanto esse homem diz...

– Console-se comigo – disse o Capitão Gancho. – Tive o meu Cervantes num historiador inglês de nome Barrie, o qual o mundo inteiro riu. Imagine, Senhor D. Quixote, que esse Barrie me pinta em seu livro como derrotado várias vezes por uma criança – um menino de nome Peter Pan! E, ainda mais, como perseguido e devorado por um jacaré... Ora, isso é infâmia pura, porque na realidade sou, um dos maiores chefes de piratas do mundo e aproveito de perfeita saúde.

Emília, que estava ouvindo a conversa, não se conteve:

– Desculpe, "Seu" Gancho, mas eu sei da esfrega que o senhor levou de Peter naquele dia do combate. Não queira negar. Peter Pan bateu-se com valentia rara, escapou de todos os golpes que o senhor lhe deu e foi levando o senhor até à amurada do navio. E o senhor até deu um grito de desespero, lembra-se? Gritou: "Quem és tu, menino infernal?" E ele respondeu: "Sou a juventude eterna!" – e soltou um coricocó.

E foi, então, o senhor caiu n'água, bem dentro da boca do crocodilo.

– Sim, é isso o que os livros dizem – concordou o velho pirata –, mas tanto é falso que aqui estou.

– Mas eu li! – gritou Emília.

– E que tem que você tenha lido, bonequinha?

O fato de a gente ler uma coisa não quer dizer que seja verdade. Os livros mentem tanto como os homens.

A conversa foi interrompida pela chegada de uma pombinha com um papel no bico. Carta do Visconde!

Dona Benta leu em voz alta:

– Tudo bem aqui – dizia o "sabinho." – Avisei ao Príncipe e o resultado foi os piratas caírem numa armadilha de caça.

Estão, neste momento, de algemas nos pulsos, metidos no porão do palácio.

– Inferno! – rugiu o Capitão Gancho, trincando os dentes, com as unhas a cravarem-se no vime da poltrona.

Dona Benta limitou-se a olhar para ele por cima dos óculos, e prosseguiu na leitura:

"O Príncipe já tomou posse do navio, o qual, depois da esfregação de caco de telha que estamos fazendo, será transformado num iate, "O Beija-Flor das Ondas."

– Que lindo! – exclamou Branca de Neve batendo palmas. – Que amor de nome! Com um iate desses, o Príncipe vai fazer verdadeiros estragos no coração das princesas...

Dona Benta continuou:

"Mas isso é nada diante do resto. Imaginem que, com a maior das surpresas, descobri que o Reino das Águas Claras ainda existe e que o Príncipe Escamado, com toda a sua corte, já se mudou para as Terras Novas. Assim que souberam da colocação do Mar dos Piratas no sítio, vieram a galope."

Narizinho e Emília deram pulos de contentamento. Ambas supunham que o Reino das Águas Claras já não existisse mais.

– Que encanto! – dizia a menina. – Escamado, vivo! Vivos, todos! Continue, vovó! Não posso mais de curiosidade.

Dona Benta continuou:

"Não falta nenhum; nem o Doutor Caramujo com as suas pílulas, nem Dona Aranha com a sua perna manca, nem o Major Agarra com os seus agarramentos. O Príncipe continua solteiro e cada vez mais apaixonado por Narizinho. Tive a explicação daquela história do falso gato Félix. Realmente, o miserável bichano tentou agarrar o Príncipe; deu um bote; mas errou e só pegou uma sardinha que estava conversando com ele." – Eu bem estranhei o cheiro! – disse Emília.

– Quando cheirei as fuças do gato Félix, o cheiro era mais de sardinha do que de Príncipe. Continue, Dona Benta.

Dona Benta continuou:

"Mas a grande coisa, a maior de todas, a novidade de arromba, é a seguinte: O Peninha anda por cá! Está claro que não o vi, porque é invisível, mas vi flutuando no ar a pena de papagaio que a Marquesa de Rabicó lhe colocou na cabeça."

– O Peninha! O Peninha! – exclamaram todos batendo palmas. – Nesse caso, nós todos erramos, porque todos pensamos que o Peninha fosse o mesmo Peter Pan.

– E por falar, onde anda Peter Pan? – indagou Narizinho. Ninguém sabia.

– Quando ele se encontra com o Pedrinho, esquece do mundo – observou a menina. – Nunca vi criaturas que se entendam melhor. Juro que estão nadando no Mar dos Piratas.

Essa ideia apertou o coração de Dona Benta.

– Ah, meu Deus! Pedrinho é capaz de se afogar...

– Não tenha medo, vovó – sossegou a menina.

– Pedrinho nada como um lambari e, além disso, está com Peter Pan, que é mestre em sair-se de apuros.

Ao ouvir o nome de Peter Pan, o Capitão Gancho estremeceu na poltrona, e de ódio.

No entanto, Dona Benta perdeu o gosto de ler até o fim a carta do Visconde. A ideia do neto nadando num mar que até crocodilo tinha fazia-a suspirar.

A interrupção da leitura dissolveu o bando. D. Quixote caiu no sono ali na rede. Belerofonte saiu para uma volta pelo pasto. Narizinho e Emília correram à "enfermaria" para dar remédio ao Polegar.

Tia Nastácia entrou com a bandeja do lanche.

– Ué, Sinhá? Onde estão os outros?

– Grite por eles – murmurou Dona Benta pensativa.

Tia Nastácia largou a bandeja na mesinha e foi saindo. De passagem, esbarrou com as armas de D. Quixote. A vista do escudo fez seus olhos brilharem. Namorou-o por algum tempo e depois o levou para a cozinha. Só então deu o berro de costume:

– Café, criançada! "Seu" "Bolorofonte", café!...

A SEREIA APRISIONADA

Ali pela tardinha, a atenção de todos foi atraída por um movimento ao longe. Pedrinho e Peter Pan vinham voltando, mas voltavam arrastando qualquer coisa pesada.

Emília correu ao binóculo.

– Ah, malandros! – exclamou ela. – Foram pescar e estão trazendo um peixe enorme. Esperem... Não é peixe, não!

Parece uma sereia... É uma sereia, sim...

As palavras de Emília alvoroçaram a casa inteira; até D. Quixote levantou-se da rede para ir debruçar-se no gradil da varanda. O Príncipe Belerofonte fez o mesmo.

– Uma sereia, herói! – berrou Emília. – Lá na sua terra havia isso?

– Claro que havia – respondeu o herói. – As sereias foram criadas pela imaginação grega. Porém o que me espanta é que os meninos tenham apanhado uma. Na Grécia, nunca ouvi falar de ninguém que houvesse pescado uma sereia.

Pedrinho e Peter foram se aproximando. A cena tornou-se visível mesmo sem binóculo. Vinham arrastando a pobre criatura pelos cabelos – pelos lindos cabelos verdes, cor das algas do mar.

Ilustração de J. D. Watson

– Malvadeza! – exclamou Narizinho. A curiosidade fez que todos descessem ao terreiro para assistir à chegada dos caçadores. Até tia Nastácia veio lá da cozinha com cara de "Que é?"

– Sereia, Nastácia! – gritou-lhe Narizinho. – Eles pegaram uma sereia...

– Credo! – exclamou a cozinheira, fazendo um "em nome do pai".

Os dois valentes caçadores chegaram muito esbaforidos, cansadíssimos, mas vitoriosos. A pobre sereia, exausta da luta, não resistia mais. Olhava para todos com os lindos olhos cheios de susto e incompreensão. Que formosa era! Os cabelos verdes pareciam finíssimos fios de esmeralda; o busto lembrava o de uma menina de doze anos; e o resto do corpo tinha forma de peixe – uma elegantíssima cauda de peixe com escamas do tamanho de um níquel de tostão, desses com o retrato do Almirante Tamandaré. Escamas de madrepérola, que faiscavam ao sol.

Rodearam-na todos, com as bocas abertas e os olhos arregalados.

– Coitada! – exclamou Narizinho. – A gente lê na fisionomia dela um grande sofrimento. Que ar triste...

– É a tristeza de ter perdido tantos "tamandarezinhos". – disse Emília apontando para as escamas desfalcadas. – Pelo menos uma dúzia ela perdeu no "arrastamento", ficou valendo um cruzeiro e vinte centavos menos...

– Que maravilha! – murmurou Dona Benta.

Tia Nastácia era só "credos" e mais "credos."

Depois de tomarem fôlego, Pedrinho e Peter contaram a história da tremenda proeza.

– Foi assim vovó. Nós tínhamos saído para dar um pega no maldito João-de-barro que derrubou o Visconde, mas no caminho, como estivesse fazendo calor, Peter Pan lembrou-se de um banho de mar. Fomos ao banho de mar; e estávamos nadando no Mar dos Piratas, quando vimos de longe, num lugar de pedras, as sereias! Estavam ao sol sobre as rochas, penteando os cabelos com os pentes de ouro. Imediatamente nos acudiu a ideia de caçar uma, e combinamos o plano: "Você segue pela direita, disse Peter Pan; e eu, pela esquerda; vamos avançando, escondidos pelas pedras; assim que chegarmos pertinho, mergulhamos os dois, para sairmos bem diante de uma das sereias – a menor – *nhoque*". E assim foi feito. Nadamos para lá com as maiores cautelas sempre ocultos pelos rochedos. Havia uma – esta aqui – que estava de bom jeito e era a menor. Mergulhamos. Fui sair bem em frente à ela. Assim que ela me avistou, deu um grito de aviso às outras: – "Humanos!" – e atirou-se para trás –, caindo nas unhas de Peter Pan.

Peter Pan finalizou a história:

– Caiu nos meus braços, sim, e finquei-lhe as unhas na carne, porque essas criaturas são mais lisas do que sabão. Consegui assim impedi-la de mergulhar. Nesse momento, chegou Pedrinho e agarrou-a pelos cabelos. O cabelo é o ponto fraco das sereias. Quem consegue agarrá-las pelos cabelos vence-as; e foi o que fizemos. Depois disso tudo, se tornou fácil. Puxamos a sereia para a praia, e de lá até aqui veio arrastada.

– Malvados! – repetiu Narizinho cheia de dó. – Não tiveram medo de esfolá-la toda?

– Não esfolava, não, como não esfolou, você pode examinar. – justificou-se Pedrinho. As escamas defendem a pele das sereias e dos peixes. Pode examinar.

De fato, a sereia só mostrava uma ou outra rachadurinha leve, aqui e ali.

– Sim, senhor! – murmurou Belerofonte. – Está aqui uma façanha que jamais julguei possível. É pena estes meninos serem de hoje, pois mereciam ter nascido nos tempos heroicos da Grécia...

Pedrinho e Peter Pan estavam que não cabiam em si de orgulho.

– E agora? – murmurou Dona Benta. – Onde vamos acomodar esta pobre sereia?

– Construímos um lago, vovó – sugeriu Pedrinho. – E se ela fizer questão de água salgada, colocamos meia dúzia de sacas de sal na água.

Os dois meninos ainda conservavam a sereia segura pelos cabelos.

– Podem largá-la – disse Emília. – Sereia em terra é como peixe: não vale nada, não foge.

Os meninos largaram a sereia, a pobrezinha! Seus olhos não compreendiam coisa nenhuma. Estava completamente abobada...

O resto do dia foi empregado em fazer uma represa nas águas do ribeirão de modo a formar lagoa – e lá foi para a lagoa a pobre sereia. Os meninos, porém, não a deixavam um só instante. Não tinham ânimo de afastar-se daquela maravilha da natureza.

Quem não gostou muito da história foi Dona Benta. Emília pilhou-a na cozinha, dizendo para tia Nastácia:

– A combinação que eu fiz foi de que "eles" ficavam para lá da cerca e nós para cá; mas um a um os meninos vão trazendo para cá todos os personagens maravilhosos. Agora, passam-se todos aqui e eu tenho de mudar o sítio para lá...

– Isso mesmo – concordou a empregada. – Já estão aqui, de cama e mesa, o Senhor D. Quixote, aquele herói não sei o quê, o horrível bicho de três cabeças, o tal cavalão de asas, o "Seu" Sancho, que é um segundo Rabicó, Sinhá, como come, o diabo! Não há o que encha aquela pança... E há ainda o Gancho e o coitadinho do Polegar. Agora a sereia...

– E como está o Polegar? Com esta situação, nem tive tempo de visitá-lo.

– Vai indo, Sinhá, vai sarando. Aleijadinho fica, ah, isso fica mesmo. Quebrou a canela. Eu encanei o melhor que pude, mas não endireita mais, tem que usar muleta.

– Coitado! – exclamou Dona Benta. – O mais gentil personagenzinho da Fábula, estropiado e de muletas!

– Bem feito, Sinhá. Quem mandou ele atropelar o João-de-barro? Neste mundo é assim, quem faz, paga. Bem feito!

Dona Benta foi visitar o doentinho em sua cama de boneca.

– Então, como está? – perguntou.

– Melhor. A dor já passou, mas tenho de ficar aqui muitos dias até que os ossos colem. Ah, malditos passarinhos!

– Quem errou foi você, Polegar, não eles. Os passarinhos estavam no seu direito, estavam defendendo o ninho. O ninho é o lar, uma coisa sagrada.

– Eu pensei que fosse um ninho abandonado.

– Esse negócio de pensar é muito sério, Polegar. Temos que pensar, sim, mas pensar certo. Quem pensa errado quebra a perna...

Lá na lagoa, os meninos procuravam consolar a sereia. Contavam-lhe a história do sítio, falavam-lhe da amizade que ela teria de todos e dos quitutes da tia Nastácia. Nada disso, porém, a consolava. A tristeza de seus olhos comoveu Narizinho.

– Podemos combinar o seguinte – disse a menina. – Você fica aqui por uns dias, para ver se acostuma ou não. Se acostumar, fica definitiva, para o resto da vida; se não acostumar, eu me comprometo a soltá-la.

A sereia suspirou.

Logo, apareceu lá na porteira um dos Meninos Perdidos da Terra do Nunca. Peter Pan correu ao encontro dele.

– O que há? – perguntou.

– Há que recebemos um recado de Wendy. Em duas horas, ela estará aqui.

Na voz de Wendy, Peter Pan não quis saber de sereias, nem de coisa nenhuma. Afastou-se depressa, em companhia do menino recadeiro, sem nem sequer um "até logo" ao pessoal do sítio.

Narizinho ficou a acompanhá-lo com os olhos.

TIA NASTÁCIA E O ESCUDO

A situação no sítio não estava boa. D. Quixote, sem falar em retirar-se, tinha caído no que Emília chamava "lambança". Cafezinho a toda a hora, redinha de Dona Benta, almoço, jantar, cama – e diversão. Parecia julgar aquela casa como sua, ou hotel. Também o herói Belerofonte não falava em ir-se. O caso começou a preocupar Dona Benta.

– Como há de ser – dizia ela a Narizinho – para que esses dois senhores compreendam que nossa casa não é hotel?

– O jeito, vovó, é arranjarmos hospedagem para D. Quixote no castelo de alguma das princesas. São castelos enormes, com dezenas de cômodos e muita criadagem. Até hão de gostar de ter um hóspede dessa categoria.

– E o herói?

– O herói é o de menos. De um momento para outro, ele monta no Pégaso e prrrr!

E assim foi. Naquele mesmo dia, o herói Belerofonte aproximou-se de Dona Benta e disse:

– Minha senhora, já me demorei demais em sua casa; é tempo de ir-me.

– Que pressa é essa, herói? – mentiu Dona Benta. – Bem, sabe que a casa é sua, para ficar quanto tempo quiser.

Ilustração de Silvio Baldessari

– Obrigado – respondeu Belerofonte –, mas o que acontece é o seguinte. Minha vida acontece mais no ar do que em terra. Vivo voando montado em meu valente Pégaso; e como é assim, já começo a sentir saudades das nuvens e dos céus azuis. Hoje é o último dia que passarei em sua casa. Parto amanhã.

– Que pena! – mentiu pela segunda vez Dona Benta. – E que destino vai dar ao monstro de três cabeças, herói?

– Ainda não sei, minha senhora. A Emília me propôs compra...

– Era só o que faltava! Se eu consentisse, aquela diabinha transformaria o sítio em jardim zoológico! Comprar a Quimera! Incrível... Pégaso, sim. Caso o senhor herói queira algum dia desfazer-se do cavalo de asas, converse comigo. Poderemos entrar em negócio. Contudo, a Quimera não me seduz. Feia demais. Caduca demais. Sinto até aflição ao pensar naquele horrível conjunto de três cabeças. Parece-me um verdadeiro despropósito da fábula grega.

– Muito bem – disse Belerofonte. – Nesse caso, basta que abram a porteira e apontem-lhe o caminho das Terras Novas. Ela afasta-se daqui imediatamente.

Logo que D. Quixote soube da projetada partida do herói, lembrou-se de que também ele era demais ali. – e disse a Dona Benta:

– Minha senhora, muito já se prolongou a minha permanência nesta acolhedora mansão. Aproveitarei o ensejo da partida do grego para me retirar também.

Dona Benta respondeu com a terceira mentirinha, muito convincente à moda de antes:

– Pois isso grandemente me dói, Senhor D. Quixote. A honra de tê-lo em minha humilde choupana é das mais apreciadas, e o conhecimento travado só serviu para confirmar-me na alta ideia que sempre fiz do mais nobre dos cavaleiros andantes.

D. Quixote agradeceu aquela beleza de estilo com um gesto de cabeça.

Emília foi perguntar a Narizinho o que era mansão.

– D. Quixote chamou isto aqui de "mansão". Que história será esta? Será o mesmo que "pensão?"

Narizinho não sabia e recorreu ao dicionário. Encontrou lá: "Mansão": casa grande de requintado luxo, etc.". Logo, riu e disse:

– D. Quixote tem levado tanta pancadaria e se hospedado em tantas hospedarias miseráveis, que esta nossa casa aqui é para ele um luxo de fidalgos. Quando pensou vovó que sua casinha ia receber o título de "mansão!..."

Quem não gostou das notícias foi Sancho.

– Partir! Partir! – exclamou ele. – Meu amo é o maior dos heróis de todos os tempos e um sábio, mas a sua mania de não esquentar lugar não me serve. Ando farto de correrias. Quem me dera ficar morando aqui toda a vida!

– Pois não era coisa lá muito fora de propósito – declarou tia Nastácia. – Vosmecê me tem feito excelente companhia. As cozinheiras gostam muito dos que comem com prazer as comidas que elas fazem, e eu nunca vi ninguém comer com tanto gosto como vosmecê, "Seu" Sancho. Só o Rabicó...

O guloso escudeiro concordou.

– Lá isso é verdade. Nasci para comer e, nesta casa, os petiscos têm qualquer coisa que mexa no coração da gente. Acredite, Senhora Nastácia, que cozinheira como vosmecê nunca jamais houve no mundo, e nem haverá. Sou entendidíssimo em toda sorte de comidas, gordas ou magras, de sal ou açúcar, de forno ou fogão, e juro sobre a lança de meu amo que petisqueiras como as daqui, nem no céu.

Tia Nastácia por um triz não deu um beijo no bochechudo Sancho.

Na manhã seguinte, bem cedo, Dona Benta e os meninos foram à varanda para o bota-fora dos hóspedes. Belerofonte apareceu no terreiro caracolando Pégaso já de asas entreabertas. Fez uma despedida geral, e prrrr!... lá se foi pelos ares como um enorme gavião de deslumbrante alvura.

– Que maravilha! – exclamou Pedrinho extasiado.

Todos repetiram a exclamação e, de nariz para o ar, enlevaram-se no portentoso voo. Pégaso foi diminuindo com a distância. Virou um pontinho no céu e desapareceu entre as nuvens...

Logo depois, surgiu D. Quixote, bifurcado no Rocinante. Suas pernas magras pareciam dois espetos.

– Sancho, Sancho! – gritou ele. – Minhas armas!

O escudeiro trotou para a varanda em busca das armas do herói da Mancha. Olhou: só viu a espada e a lança. O escudo desaparecera.

– Ué! Que fim levaria o escudo de meu amo? – e feito barata tonta em dia de chuva, que não sabe se voa ou corre, pôs-se a procurá-lo por todos os cantos. Encontrou-o na cozinha transformado em vasilha da tia Nastácia, com umas linguiças em salmoura dentro.

– Que é isso, Nastácia? – queixou Dona Benta. – Como é que você "rebaixa" assim a principal peça da armadura de um dos maiores heróis da humanidade?

A cozinheira não se impressionou.

– Ah, Sinhá, quando eu vi "isso" lá no canto, pensei logo: "Que excelente vasilha está se perdendo aqui!" e trouxe a coisa para a cozinha. O meu vaso está rachado, e essa vasilha de D. Quixote é das boas, das que não vazam nem um pingo.

– Mas isso não é vasilha, Nastácia. É escudo, uma arma! Tire a linguiça daí. Lave. Enxugue.

Tia Nastácia obedeceu suspirando. "Que pena, que pena! Uma vasilha tão boa!..."

Quando o herói da Mancha enfiou no braço o famoso escudo, bem que sentiu um fortíssimo cheiro de cebola, alho e vinagre; mas de nada desconfiou. Julgou que fosse uma baforada vinda de Sancho. Sancho sempre cheirava a vinagre, alho e cebola.

D. Quixote fez uma saudação geral com a lança e partiu majestosamente.

– Adeus, Latoeiro! – berrou Emília.

Restava a Quimera. Pedrinho seguiu as instruções de Belerofonte. Depois de escancarada a porteira, aproximou-se do monstro e, muito ressabiadamente, apontou-lhe o caminho. A triste criatura não reagiu a nada. Baixando as três cabeças, tomou a direção das Terras Novas, no seu desajeitadíssimo trote de fábula caduca.

Dona Benta suspirou.

– A vista deste monstro me entristece – disse ela. – Não pode haver símbolo pior da decadência fisiológica...

Tinha agora de resolver o caso do Capitão Gancho. Que fazer dele? Dona Benta ficou indecisa.

– Com os hóspedes "bons", tudo foi fácil, disse ela; mas Gancho é hóspede "mau" – perigosíssimo. Não sei o que fazer...

Pedrinho deu uma risada.

– Que bobo esse seu medo, vovó. O pirata já não oferece nenhum perigo. Está sem a única arma que possui.

– Como?

– Venha ver – e mostrou a Dona Benta uma coisa esquisita oculta sob uns sacos, num canto. Era o célebre gancho do Capitão Gancho!

– Que história é esta, Pedrinho?

– Ah, tirei o gancho dele, assim que ele caiu no sono – e o menino apontou para o pirata dormindo pesadamente na poltrona de vime. – Ora, sem o gancho ele não vale nada. Logo, onde está o perigo?

Dona Benta murmurou: "Amém"!

O "BEIJA-FLOR DAS ONDAS"

A limpeza da "Hiena dos Mares" foi a obra mais completa que os sete anõezinhos de Branca jamais realizaram. Que grandes trabalhadores eram eles! Pareciam formigas. Num instante, lavaram e esfregaram com cacos de telha o navio inteirinho – e o caldo preto que saiu foi tanto que cobriu a água do mar em redor.

Concluída a reforma da velha embarcação, o Príncipe convidou o Visconde para comandante e o Dunga para "imediato." Imediato é o oficial que manda mais num navio depois do comandante.

O Visconde teve de mudar de vestuário. Colocou, em vez da famosa cartolinha, um boné de oficial e vestiu uma sobrecasaca de galões nos punhos e palas nos ombros. Ficou ótimo!

No mesmo dia em que assumiu o comando, chamou o Dunga para uma conversa muito séria.

– Que notícias há do marido de Branca de Neve, Senhor Imediato? – perguntou ele.

– Nenhuma, Capitão. O Príncipe consorte estava caçando no momento em que o mar de Peter Pan derramou.

– Supõe que tenha morrido afogado?

– Estou quase certo disso, Capitão.

– Nesse caso, a princesa está viúva – raciocinou o Visconde – e não convém que fique morando no sítio de Dona Benta. Não há hipótese de encontrar por lá novo marido, nunca.

Temos de trazê-la aqui para o "Beija-Flor", e assim promover um baile em que ela se encontre e dance com o Príncipe Codadade.

Acho que formam um parzinho perfeito.

Dunga concordou plenamente.

– Mas só faremos o enlace – continuou o Visconde. Se entre eles nascer o amor, sou absolutamente contra os casamentos sem amor – como o da Emília.

– Como foi esse casamento?

– Pois a Emília casou-se apenas por interesse – para virar marquesa. Nunca sentiu o menor pingo de amor pelo Rabicó. Resultado: separação, e ela ficou impedida de aceitar as ótimas propostas de casamento que lhe apareceram mais tarde. Por essas e outras, sou absolutamente contrário aos casamentos sem amor. Nunca dão certo.

Dunga foi discutir o caso com os outros anões e, depois de longos debates, ficou acordado o seguinte: Branca viria morar no iate até a reconstrução do castelo ou o seu casamento com o Príncipe Codadade. Eles, anões, dariam uma grande festa; se entre ambos nascesse o amor, seria uma coisa; se não nascesse, seria outra.

Firmes nessa decisão, o iate partiu para a Prainha – nome dado ao ponto onde a "Hiena" ancorava nos tempos do Capitão Gancho. E chegando lá, o Visconde mandou um dos anões – o Zangado – parlamentar com a Princesa.

Zangado obedeceu.

Dona Benta estava na janela e foi quem o viu chegar.

– Olhe lá, Pedrinho, um catatau de cara feia que vem se aproximando...

O menino olhou e adivinhou quem era.

– Há de ser o Zangado, vovó, um dos sete anões de Branca de Neve.

O anão parou no primeiro degrau da escadinha na varanda e, com muitos maus modos, disse que desejava falar com a Princesa. Branca não tardou a aparecer, vinda do pomar, onde estivera chupando laranjas com Emília e Narizinho. Ao ver o anão ali, abraçou-o enternecida e pediu-lhe que contasse toda a tragédia. Zangado contou tudo tintim por tintim, exceto a morte do marido de Branca. Também contou da decisão dos anões de a conservarem no iate até a reconstrução do castelo, ou...

– Ou o quê? – interveio Emília, que não gostava de reticências.

Zangado encarou-a carrancudo, com ar de quem diz: – "O que você tem a ver com isso?" – Emília, porém, não se deu por achada.

– Vamos, desembuche. Ou o quê? – insistiu ela.

Zangado desembuchou.

– Ou, então, casá-la com o Príncipe Codadade.

Branca arregalou os olhos. Não estava compreendendo coisa nenhuma.

– Casar com o Príncipe Codadade? Como, se sou casada?

– Foi casada, Princesa – murmurou o anãozinho, baixando os olhos. – O seu esposo estava caçando no momento da inundação; fatalmente o mar o tragou...

Ao ouvir tais palavras, Branca de Neve correu para o colo de Dona Benta aos berros. – "Meu Príncipe, ai, ai, ai! O meu amado esposo já não existe mais!..."

A cena abalou profundamente a todos – menos Emília, que disse;

– Boba! Aquele Príncipe gostava mais dos veados e faisões do que de você. Além disso, era um príncipe sem importância, dos que não têm história. Já o Codadade é de outro naipe – pertence às "Mil e Uma Noites", coisa mil e duas vezes melhor. Eu, se fosse você, até pulava de contentamento.

Contudo, Branca não se consolava. – "Meu Príncipe, meu amado Príncipe!" – era só o que dizia, e suas lágrimas molhavam o colo de Dona Benta.

No entanto, como o que não tem remédio, remediado está, acabou concordando em residir no iate até a reconstrução do castelo ou... Despediu-se de Dona Benta, fungando muito. Com os olhos vermelhos, lá se foi para a Prainha.

Quando entraram no iate e deram com o Visconde transformado em Capitão, de sobrecasaca de galões e boné de oficial, Emília botou as mãos na cintura.

– Sim, senhor! Está um perfeito Almirante Nelson –, mas eu muito queria saber quem lhe deu licença para aceitar esse posto. O Senhor Visconde esquece-se de que é propriedade nossa lá do sítio...

Pedrinho e Narizinho percorreram a embarcação da popa à proa, admirando a limpeza e o bom arranjo de tudo.

O camarote destinado a Branca era um primor, um verdadeiro ninho de fada. Embaixo do leito, viam-se doze sacos de diamantes extraídos das pedreiras pelos anões.

Ao terminar a visita, Pedrinho teve uma lembrança muito boa.

– E se aproveitássemos o "Beija-Flor" para um cruzeiro pelo Mar dos Piratas? Assim ficaríamos conhecendo todas as terras que esse mar banha. Vovó vai gostar da ideia.

– Ótimo! – exclamou Narizinho batendo palmas.

– Bis-ótimo! – berrou Emília, já com um plano na cabeça: apoderar-se do "Beija-Flor" para transformá-lo novamente em navio de piratas – com ela no comando. Seu maior sonho sempre fora "mandar num navio de piratas."

Branca de Neve também gostou da ideia do cruzeiro em companhia de Dona Benta, Nastácia e os demais. Seria um consolo para a sua dor.

Restava conseguir o consentimento da vovó, coisa fácil. Apesar dos seus 70 anos, Dona Benta parecia ainda mais assanhada que os netos. Assim que Pedrinho falou no cruzeiro, a boa velhinha aderiu e determinou que tia Nastácia fosse também, porque: – "Duvido que os anões façam comidinhas gostosas como as dela".

Os preparativos para a excursão correram a galope. Num instante, toda a bagagem ficou pronta para o embarque. Puseram tudo sobre o lombo do Quindim e, montado nele, dirigiram-se à Prainha. Ao ver o Visconde vestido de Capitão, tia Nastácia soltou mais um dos seus "credos!"

– O mundo está perdido! Até sabugo já é Capitão, Sinhá...

O "Beija-Flor das Ondas" levantou a âncora, armou as velas e elegantemente partiu rumo ao palácio de Codadade.

DESLEALDADE DO PIRATA

O Capitão Gancho acordou e deu com a casa vazia. Foi à cozinha – ninguém. Olhou em todos os quartos – e ninguém.

– Ué! Que fim levaria o pessoal daqui? No terreiro, encontrou o Burro Falante de conversa com o rinoceronte.

– Pois foi o que aconteceu – dizia o burro.

– Dona Benta partiu com os meninos e deixou-me na administração do sítio. Minha responsabilidade é grande. Há plantações a fazer, caminhos a consertar, mil coisas...

– Dona Benta partiu? – exclamou o chefe dos piratas, aproximando-se. – Para onde?

– Embarcaram todos no "Beija-Flor", para um cruzeiro pelo Mar dos Piratas.

Gancho, que já sabia da transformação da sua "Hiena" em "Beija-Flor", explodiu numa praga tremenda.

– Com seiscentos milhões de Belzebus! "Beija-Flor", nada! Eles roubaram a minha "Hiena", isso sim!

O Conselheiro e o rinoceronte entreolharam-se.

– Mas irão me pagar! – continuou Gancho, – e vão pagar caríssimo!...

Os dois animais nada disseram. Limitaram-se a trocar novos olhares de entendimento. Gancho colocou-se a medir passos pelo terreiro, de cá para lá e de lá para cá, remoendo-se de raiva. Depois, concebeu um plano diabólico!

– Meus caros – disse ele –, a vida é para quem pode mais. Eles me roubaram o navio; nada mais natural que eu também lhes roube o sítio. Por que não havemos de fazer entre nós uma combinação?

O Burro Falante piscou para Quindim como quem diz: – "Lá vem pirataria!"

– Sim, uma combinação – continuou Gancho. – Podemos nos apossar deste sítio – e vocês lucrarão ainda mais do que eu. Transformo tudo. Planto capim por toda parte, as melhores espécies de capim. Em vez dos cafezais, capim. Em vez dos algodoais, capim. Vocês dois poderão até nadar em um oceano de capim!

Com essa ideia, ele pretendia conquistar as boas graças dos dois herbívoros para os quais o capim tem muito mais importância do que o café, o algodão ou as pérolas. Contudo, o Conselheiro não concordou.

– Senhor pirata – disse ele –, a sua proposta nos ofende. Somos quadrúpedes no físico e no moral; isto é, a nossa lealdade se firma em quatro pés, não só em dois, como a dos bípedes humanos. Por capim nenhum no mundo, nós trairíamos os nossos amados donos.

Gancho desapontou.

– Não se trata de trair ninguém – disse ele ainda. – Trata-se de um ato de justiça. Já que eles me apanharam o navio, nada mais justo que eu lhes tome o sítio. É ou não é justo?

O Burro Falante respondeu como um juiz de direito:

– Seria, senhor pirata, se a "Hiena" fosse um navio "bom", mas era um navio "mau", dos que vivem assaltando os outros, para matar e roubar. Ora, o sítio é um sítio "bom", nunca matou nem roubou ninguém. Logo, os seus argumentos nada valem, Senhor Gancho.

O pirata rangeu os dentes. Percebeu que, com aquele burro incorruptível, nada conseguiria – e afastou-se para ruminar novo plano. Esse novo plano consistia em juntar malfeitores dos arredores para um assalto ao sítio de Dona

Benta. A coisa ficou tão planejada em seu cérebro que o criminoso sorriu com a cara inteira.

– Sim, vou já, já, reunir capangas – pensou consigo – e vou montado neste impertinentíssimo pedaço de asno. Ele vai ver o que é chicote e espora...

No entanto, quando se aproximou do Burro Falante com os arreios, viu logo que nada arranjaria.

– Perdão, Senhor Gancho! – disse o burro delicadamente. – Eu hoje estou na administração do sítio e já não posso servir de animal de sela. Você poderá selar ali o senhor Quindim...

Disse isso por ironia, porque não ignorava o verdadeiro pavor que o Capitão Gancho tinha do rinoceronte. Aquele chifre único, pontudo, dava-lhe ideia de um esporão de um peixe-espada.

Muito aborrecido, o chefe dos piratas jogou a sela no chão e teve de ir a pé à procura dos capangas.

Os dois animais seguiram-no com os olhos até longe.

– Juro que ele vai reunir gente má para um ataque ao sítio – murmurou o Conselheiro.

Quindim limitou-se a dar uma chifrada no ar, espécie de amostra do modo como receberia os atacantes.

O CRUZEIRO

O "Beija-Flor das Ondas" ancorou rente ao cais do palácio e o Visconde mandou dizer ao Príncipe Codadade que Branca, Dona Benta e os meninos estavam à espera de sua visita. Codadade preparou-se e foi.

A recepção correu muito cordial. Em certo ponto, Pedrinho disse-lhe:

– Lembra-se, Príncipe, daquela vez em que esteve lá no sítio e fomos aventurar pelos campos, com o Aladim da lâmpada maravilhosa? Nunca mais me esqueci desse dia. E por falar: que fim levou Aladim?

– Está aqui, sim. Todos nós das "Mil e Uma Noites" já nos mudamos.

E apontou para os palácios em estilo árabe que se viam ao longe.

– Olhe, lá está a residência da Xarazada, a contadeira de histórias. E à esquerda, a caverna de Ali Babá e os quarenta ladrões. O palácio de Aladim fica à direita, atrás do morro.

Pedrinho estava ansiosíssimo para encontrar com Aladim. Ele queria viver novas experiências com a lâmpada.

Ao ser apresentado a Branca de Neve, o Príncipe não deu nenhum sinal de amor instantâneo. E vice-versa: o coração de Branca de Neve não palpitou pelo Príncipe.

– Mau, mau, mau! – murmurou o Dunga para a Emília. – O coração destes príncipes não bate um pelo outro.

Emília teve uma ideia luminosa.

– Escute, Dunguinha. Eu sei quem é que governa o amor: é um tal Cupido que mora no bairro dos gregos. Ele usa umas flechinhas infalíveis. Coração espetado é coração assanhado. Podemos trazer Cupido para flechar o coração de Branca e Codadade...

Dunga achou a coisa possível e, como justamente no fim das terras das "Mil e Uma Noites" ficava a zona dos deuses e heróis gregos, era fácil chegar até lá para um entendimento com o deusinho do Amor.

O iate estava se preparando para o cruzeiro, Tia Nastácia tomou conta da cozinha e entupiu de comidas a despensa: linguiças, milho de pipoca, cocos, salames, biscoitos, latas de sardinha – e várias centenas de limões.

– Sinhá diz que limão é bom contra uma tal doença de navio chamada "escrubuto" – explicou ela, estropiando a palavra escorbuto.

Tudo pronto, o iate partiu, com as velas cheias de vento, rumo à zona dos gregos. Emília andava com a cabeça tonta com a Grécia, depois da história do herói Belerofonte. Vivia pedindo a Dona Benta que contasse coisas gregas – aventuras de Aquiles na Guerra de Troia; as proezas de Éolo, o governador dos ventos; a vida dos Ciclopes, gigantões de um só olho no meio da testa; e a do famoso Hércules, o semideus que matou o terrível leão da Nemeia e tantas coisas tremendas fez. E, agora, estava empenhadíssima em encontrar o deusinho do amor, para resolver o caso de Branca de Neve e Codadade.

Emília ia sentadinha em um rolo de cordas, na proa do navio, com os olhos na esteira de espuma. Sua atenção era atraída ora por um peixe voador, ora por um tubarão. De repente, deu um grito:

– Imagine o que estou vendo: o crocodilo do Capitão Gancho! Ele reconheceu neste iate a velha "Hiena" e vem vindo atrás, na esperança de comer o "resto..."

Esta história do "resto" é a seguinte. Esse crocodilo era o maior perseguidor do Capitão Gancho, ao qual certo dia conseguiu comer o braço direito, obrigando-o daí por diante a usar, em vez de mão, aquele horrível gancho de ferro. Porém o crocodilo comeu-lhe o braço e gostou – gostou tanto que nunca mais desistiu de comer o "resto" do braço – isto é, o Capitão Gancho inteirinho! Daí a sua mania de acompanhar a "Hiena dos Mares" na esperança de que o Capitão Gancho lhe viesse falar com ele.

Assim que Emília denunciou a presença do crocodilo, todos correram para ver. O enorme sáurio vinha nadando atrás do "Beija-Flor", de boca aberta, muito vermelha e cheia de dentes.

– O que atrapalha – disse Pedrinho – é o despertador que ele tem no estômago. Várias vezes já esteve quase pegando o capitão, mas o despertador faz *tlim-lim-lim* e o pirata ouve e foge.

– Está aí uma coisa que me espanta – disse Narizinho. – A corda desse despertador já devia ter acabado há muito tempo.

– Devia, se fosse no "mundo normal" – explicou Emília. – Aqui, no mundo fabuloso, nada acaba – nem a corda de despertador!

– Só se é isso...

Nastácia jogou ao crocodilo uma galinha que havia morrido. O sáurio engoliu-a com um "nhoque!", como se fosse uma simples pílula.

Dona Benta gostava de contar aos meninos coisas interessantes do mundo maravilhoso dos gregos.

– A Grécia povoou o mundo de deuses, semideuses, heróis, monstros, gigantes, ninfas, sátiros, faunos, náiades e mil coisas mais – tudo lindo, lindo... Agora, vamos lá apenas para um breve passeio – mas havemos de voltar para uma estada longa. Ah, como vocês vão gostar da Grécia!...

O que Dona Benta contou foi o suficiente para assanhar os meninos. Emília só falava em morar lá toda a vida; Pedrinho fazia mil projetos; e Narizinho declarou que já de muito tempo seus sonhos eram só sobre a Grécia.

– Pois muito bem – declarou Dona Benta. – Nossa próxima viagem de aventuras será pela Grécia – e dará um livro.

– Que lindo livro vai ser! – exclamou Emília – *Viagem do Sítio pelo Oceano da Imaginação Grega.*

– Comprido demais, Emília. Os títulos devem ser curtos, se não ninguém decora. Veja: *Os Lusíadas, A Ilíada, A Odisseia, O Inferno, A Eneida...*

– Então, fica sendo a *Emileida* – propôs a diabinha –, mas ninguém concordou por ser desaforo: a viagem não era só dela, e sim de todos.

– Pois então que seja *A Sitieida...*

– E por que não *A Asneireida*? – lembrou Narizinho.

Emília colocou-lhe a língua.

O iate já estava chegando. Pelo binóculo, puderam ver várias maravilhas: as ninfas dos bosques, perseguidas pelos faunos tocadores de flauta; centauros belíssimos, metade do corpo homem, metade cavalo, em doidos galopes pelos campos; lá longe, o Minotauro, monstro meio homem, meio touro, metido dentro do labirinto; e a terrível Esfinge que devastava a cidade de Tebas e só sossegou, quando lhe decifraram o enigma; e bem no alto de uma montanha, o tal Prometeu amarrado à rocha e devorado vivo por um abutre...

– Quantas belezas, vovó! – exclamou Narizinho. – Lá, sim, vale a pena aventurar...

Emília, no binóculo, ia espiando o que se passava ao longe.

De repente, disse:

– D. Quixote! Lá está ele – lá, lá, lá – atacando um monstro!...

Dona Benta olhou e viu que era verdade. O herói da Mancha invadira o bairro grego e estava em luta com a Hidra de Lerna!

– Que homem perigoso! – exclamou Dona Benta. – Não tem medo de coisa nenhuma! Olhem que essa hidra é um dos maiores terrores da Grécia...

Enquanto isso, o iate encostou a um cais e desceu a âncora. Haviam chegado.

– E agora? – disse Dona Benta. – Descer não vale a pena, porque, como há coisas demais neste mundo grego, nós nos arriscaríamos a ficar por aqui a vida toda. O melhor é só vermos o que puder ser visto pelo binóculo.

Todos concordaram, menos Emília, que tanto fez que desceu em terra. Encasquetara na cabecinha encontrar o deus do Amor e havia de encontrá-lo; e tanto fez que o encontrou em um bosque, brincando de dar setadas nos passarinhos para que eles se amassem.

– Que elegância! – murmurou Emília, quando o avistou. – É tal e qual Flor das Alturas!...

Cupido espantou-se de ver por ali aquela gentinha de outras terras, mas, instantes depois, já estavam amigos. Sentaram-se em uma raiz de pau para conversar.

– Sou a Emília, não sabe? – Lá do sítio...

Cupido não sabia de sítio nenhum, mas ficou sabendo de tudo – e com uma vontade doida de dar um pulo até lá para conhecer os bolinhos de tia Nastácia.

– É longe? – perguntou.

– É e não é. Tudo depende, mas isso fica para depois. Agora, vim a negócios – e contou o caso de Branca de Neve e do Príncipe Codadade.

– Nós queremos que eles se casem, mas, no baile que houve, os dois se viram com a maior indiferença. Nem um pingo de amor nasceu naqueles corações gelados.

Cupido riu.

– Nem podia nascer, boba. O amor só nasce, quando eu espeto os corações.

– Sei disso – declarou Emília – e é o que me trouxe aqui. Quero que você me ceda por algum tempo este arquinho e três flechas.

– Impossível, Emília! Mamãe Vênus me proíbe de largar o arco nas mãos de quem quer que seja.

– Mas eu tenho cá o estilingue de Pedrinho – disse Emília. – Trocamos o arco pelo estilingue – depois destrocamos. Sua mãe nem percebe.

Cupido examinou o estilingue e achou muito feio. Não quis. Emília, porém, insistiu, e tantas cocadas lhe prometeu que a resistência do menino de asas fraquejou.

– Está bem – disse ele. – Aceito a troca, mas só por um dia, veja lá! Amanhã, sem falta, quero o meu arco de volta. Tenho tantos serviços que você nem imagina, Emília. Passo todo o meu tempo flechando as criaturas, porque sem isso o mundo para – por falta de amor. Durante as horas em que o arco estiver com você, não vai haver nenhum amor no mundo. Veja que transtorno!

– Isso não! Enquanto o arco estiver comigo, você poderá dar flechadas de amor...

Cupido examinou de novo o feio estilingue de Pedrinho; não achava aquilo com jeito. Em todo caso, quem sabe? Iria experimentar.

Combinado o negócio, Emília tomou três flechas.

– Por que três, se os príncipes são dois?

– É que posso errar uma – respondeu a previdente figurinha.

Despediram-se. Cupido ficou provando o estilingue em uns sabiás-do--campo, enquanto Emília seguia para o iate. Tinha agora de convencer Dona Benta a retornar sem a menor demora.

Entrou no "Beija-Flor", fingindo-se muito assustada, e correu para Dona Benta.

– Ah "vovó", este mundo não dá sossego para nós! Temos de voltar sem perder um só minuto!

Dona Benta espantou-se.

– Por quê, Emília?

– Imagine que, no passeio que dei pelas terras gregas, tive a sorte de encontrar a Fênix, aquela ave.

– Sei. A Fênix é uma ave que ressurge das próprias cinzas.

– Isso mesmo. Encontrei a Fênix saindo de um monte de cinzas e dizendo: "Coitado, coitado!".

Aproximei-me e perguntei: "Coitado de quem?". Ela respondeu: "Do príncipe".

– De que príncipe? – questionou.

– Do príncipe que prendeu os atacantes. Eles conseguiram sair da prisão e o pobre príncipe está no maior dos apuros. Será o príncipe Codadade? – perguntei –, mas o diabo do peru nada respondeu.

Ora, quem há de ser esse príncipe se não Codadade? Em vista disso, acho que devemos voltar ao palácio sem demora para salvá-lo...

Dona Benta ficou indecisa, consultou o Visconde; consultou os meninos e também a princesinha. Todos ficaram igualmente indecisos. Por fim, resolveram voltar. Se não houvesse nada, muito bem, retomariam o cruzeiro interrompido; mas se houvesse, eles ajudariam o Príncipe a salvar-se.

O iate voltou com a maior rapidez. Felizmente, não era verdadeira a suposição feita. Os piratas continuavam muito quietos no calabouço, presos nas suas algemas. Emília, com o maior cinismo do mundo, disse, com arzinho inocente:

– Erramos, Dona Benta, supondo que o tal príncipe mencionado pela Fênix fosse o Codadade. Antes assim... e deu um suspiro.

Dona Benta olhou para ela desconfiada, mas calou-se.

Emília desceu do navio e foi correndo ao palácio do Príncipe. Entrou pé ante pé. Lá estava ele examinando as contas apresentadas pelo seu gordo mordomo Abude. Sempre na ponta dos pés, Emília foi se chegando, com o arco de Cupido em punho. Ajustou nele uma seta e zás! bem no coração do Príncipe! Imediatamente Codadade afastou de si as contas e, levando as mãos ao peito, murmurou, com os olhos revirados: – "Ai que amor, que amor meu coração está sentindo!..."

– Este peixe está fisgado! – murmurou Emília consigo mesma, afastando-se. – Resta agora a "peixa"... e foi à procura de Branca de Neve.

Encontrou-a suspirando pelo marido afogado. Repetiu a manobra. Aproximou-se na ponta dos pés, ajustou no arco nova flecha e zás... bem no coração da Princesa! Imediatamente Branca levou as mãos ao seio e disse, revirando os olhos:

– "Ai que amor, que amor meu coração está sentindo!..."

– Pronto! – exclamou Emília. – Basta agora que os dois se vejam.

O encontro do Príncipe Codadade com Branca de Neve não tardou nem um minuto. Viram-se e caíram nos braços um do outro. Era amor de verdade, do bom... do legítimo... desses que não acabam mais...

Ao ver aquilo, o Dunga sorriu e esfregou as mãos.

Emília havia trazido três flechas, de modo que sobrara uma.

– "Que faço disto agora?" – pensou. E resolveu:

– Finco na primeira criatura que passar perto de mim.

Ora, aconteceu que essa primeira criatura foi tia Nastácia, que vinha vindo com um frango seguro pelas pernas. Emília zás... bem no coração dela. Tia Nastácia largou o frango, levou as mãos ao peito e murmurou com os olhos revirados:

– "Ai que amor, que amor meu coração está sentindo!..."

Contudo, como Emília não tinha mais flechas, não pôde flechar o "companheiro" de tia Nastácia, de modo que a pobre ficou "amando no ar", amando tudo e nada – sem ninguém que a amasse.

– Hum! – fez Emília. – Agora compreendo este jogo de Cupido. Só há amor perfeito, quando ele espeta um par. Quando acerta um e erra o outro, ou quando esquece de flechar esse outro, o coitado do primeiro fica amando sozinho. Tomou o arco e disse:

– Faz de conta, meu arco, que és uma andorinha com ordem de ir numa velocidade imensa até às mãos de Cupido. Boa Viagem!"

O arco obedeceu. Instantes depois estava nas mãos de Cupido, que muito se admirou do "fenômeno."

TRANSTORNOS NA COZINHA

A reinação da Emília com as setas causou séria perturbação no iate. A pobre tia Nastácia, ferida no peito pela terceira seta de Cupido, estava que nem barata tonta. Suspirava, arregalava os olhos, queria uma certa coisa que não sabia o que era.

Dona Benta achou muito esquisito o caso, e mais ainda quando ao jantar o feijão apareceu com queimado.

– O feijão está queimado, vovó! – gritou Narizinho fazendo uma careta.

– Não é possível, menina! – protestou Dona Benta. – Tia Nastácia nunca, nunca jamais, queimou o feijão, nem coisa nenhuma. Sempre foi uma cozinheira perfeita. – Pois queimou o feijão, sim, prove!

Dona Benta provou e viu que era mesmo.

– De fato! – exclamou admiradíssima. – Com certeza foi algum dos anões que fez isso, e por vingança. Eles não devem ter gostado da mudança que fizemos na cozinha.

Todos provaram o feijão e não gostaram. Estava intragável.

Pedrinho trinchou o frango assado e serviu-se. Provou. Franziu o nariz.

– O frango está ainda pior que o feijão, vovó! Sem sal, duro – horrível.

Todos provaram do frango e viram que era isso mesmo.

Dona Benta começou a arregalar os olhos. Seria possível? Além do feijão, o frango?...

E tudo mais no mesmo teor. Tudo ruim, péssimo, intragável. O picadinho estava com sal demais; ninguém o pôde comer. Na salada de alface, o Visconde encontrou uma taturana.

– O caso é dos mais sérios – disse Dona Benta. – Tia Nastácia é minha cozinheira desde os tempos do meu marido Encerrabodes, que Deus o tenha, e nunca errou em um só prato. Hoje falhou em todos! O que será que aconteceu?

– Ela está completamente mudada, vovó – disse Narizinho. Desde ontem que não faz outra coisa senão suspirar e levar a mão ao peito. Dá cada "ai!" que até assusta a gente...

Emília percebeu que a flecha de Cupido era a causa de tudo – mas calou-se.

Ilustração de Silvio Baldessari

– Visconde – disse Dona Benta –, mande um marinheiro chamar tia Nastácia.

O Visconde mandou o Mestre. Instantes depois apareceu a cozinheira, com cara muito diferente da sua de costume. Parecia até mais magra. Parou diante de Dona Benta, com um ar muito resignado.

– O que é, Sinhá?

– A sua comida de hoje não parece sua, Nastácia. Feijão queimado, o frango sem sal e duro; o picadinho, salgado demais – e na alface, uma taturaninha... O que foi que aconteceu?

A pobre coitada, depois dum profundo suspiro, falou:

– Não sei, Sinhá, mas sinto que não sou a mesma. Vem cada suspiro lá do fundo do meu coração que até me atrapalha. Quero e não quero as coisas. Vou pegar no facão e pego no garfo. Erro tudo. Quando fui temperar a sopa, há de crer, Sinhá, que coloquei açúcar pensando que era sal? Por isso é que não apareceu sopa hoje na mesa...

O espanto de Dona Benta aumentava. Seria doença?

– Escute, Nastácia. Não está sentindo alguma dor, alguma pontada?

– Sim, Sinhá, bem no coração. Um peso, uma vontade de chorar sem motivo nenhum.

– Bom, então é isso. Você está doente. Já tomou algum remédio?

– Já, sim, mas fiquei na mesma.

Dona Benta refletiu uns instantes. Depois:

– Olhe, vá para a cama. Entregue a cozinha ao Atchim, que tem jeito de ser bom cozinheiro. Vá repousar e tome um chazinho de erva-cidreira.

– Não adianta, Sinhá. Já experimentei. Se o Doutor Caramujo aparecesse por aqui, então sim. Aquilo é que é médico bom.

A inquietação de Dona Benta crescia. O que fazer? Olhou para Narizinho, Pedrinho e para Branca de Neve na esperança de uma sugestão. Ninguém disse nada – não entendiam de doenças! Olhou para Emília. Nada. Voltou-se para o Visconde. – O que acha desse caso, Visconde?

O Visconde coçou as palhinhas de milho do pescoço e disse:

– Ela com certeza está mal do hipocôndrio. Li num livro que há uma doença chamada hipocondria, que deixa as criaturas assim, suspirantes e melancólicas.

– Mas qual é o remédio?

– Mudanças de clima e pílulas…

– Que pílulas?

– Quaisquer. Basta que sejam pílulas.

Dona Benta viu que, em matéria de medicina, o Visconde era ainda pior que um barbeiro.

O debate prolongou-se e, por fim, decidiram recorrer a um médico. Se fosse possível encontrar o Doutor Caramujo, ótimo; se não, um curandeiro qualquer serviria.

Tia Nastácia recolheu-se ao quarto, suspirando.

Emília ficou de mãozinha no queixo, pensando. Sim, era ela a culpada. A doença da pobre tia Nastácia não passava de amor recolhido. E agora? Como fazer para curá-la da paixão? Se pudesse consultar o deusinho do Amor! Ele havia de saber o remédio, mas era impossível comunicar-se com o filhote de Vênus. Que fazer? Emília sentiu-se no maior dos embaraços.

– As setas de Cupido são envenenadas, refletia ela com os seus botões. – Mas para todo veneno há um contraveneno. Qual será o contraveneno para o veneno do amor?

Pensou, pensou e nada. Pela primeira vez na vida, não encontrava solução para um caso. E, de repente, começou a rir.

– Ah, meu Deus, que boba eu sou! Pois basta aplicar o faz de conta, esse meu remédio que não falha nunca.

E aplicou o faz de conta.

Erguendo os olhinhos para o céu, murmurou:

– Faz de conta que aquela flecha não estava envenenada! Faz de conta que eu não espetei o coração de tia Nastácia. Faz de conta que não estive com o deus do Amor, nem lhe pedi o arco emprestado. Faz de conta que ele só me deu duas flechas, e não três.

Nem bem fez Emília essa invocação e já tia Nastácia melhorou. Deu uma risadinha e parou com os suspiros. Levantando-se da cama, foi à cozinha e espantou-se do terrível jantar que havia servido. Correu então à sala das refeições e disse:

– Sarei, Sinhá, sarei completamente – e vou fazer num instante um jantarzinho daqueles de sempre. Aconteceu qualquer milagre comigo. Estou boa, completamente boa...

Dona Benta ficou espantada com a melhora.

– É extraordinário o que está acontecendo! Trata-se positivamente de um milagre, não resta dúvida nenhuma. Porém milagre de quem?

Meia hora depois estavam todos devorando o delicioso jantarzinho improvisado, com as caras alegres e os paladares satisfeitos.

– Agora, sim – disse Narizinho. – Isto é comida de tia Nastácia. O outro jantar até parecia feito pela Quimera.

O ar de Emília era tão radiante que Dona Benta desconfiou e disse:

– Macacos me mordam se não anda aqui o dedo da Emília.

Olhem o ar dela...

– Mas como, vovó?

– Não sei, minha filha. A pestinha é capaz de tudo...

NO SÍTIO

O Capitão Gancho havia se retirado da casa de Dona Benta furioso da vida, praguejando seiscentos milhões e dando pontapés em quanta lata velha havia pelo caminho. Foi direto à venda do Elias Turco. Entrou.

Ao ver aquele homem sem braço, o Elias julgou ser um pedinte de esmolas e disse: – "Deus o favoreça, irmão." Contudo, o Capitão Gancho deu um murro no balcão que as garrafas das prateleiras dançaram.

– Com seiscentos milhões de alambiques! – berrou ele. – Quero uísque, dose dupla, não esmola, seu coisa!

Elias, trêmulo de medo, não discutiu. Passou a mão numa garrafa de álcool e empurrou-a para o ferrabrás, uísque naquela venda era sinônimo de espírito-de-vinho. O Capitão encheu um copo e virou.

– Seu cara de laranja azeda! Então é você o fornecedor lá da velha?

– Sim – respondeu o Elias medrosamente. – Dona Benta só compra aqui – e é bem servida. Artigos de primeira, nada falsificado.

Gancho deu uma cuspida de esguicho.

– Por este uísque estou vendo. Continue.

Elias continuou:

– Ela é uma excelente freguesa, das que pagam sem discutir. Boa gente. Mas a cozinheira é o diabo. Vive reclamando e caluniando o meu armazém. Diz que aqui tudo é falsificado – até a cebola!

– Basta! – rosnou Gancho. – Escute.

O Elias aproximou-se, com muito medo, e o pirata cochichou-lhe ao ouvido uma história. O turco arregalou os olhos; depois coçou a cabeça e disse que não era ladrão desses que assaltam casas, mas podia indicar uns sujeitos capazes de aceitar a proposta.

– Há o Zé das Dúzias, que foi capanga do Coronel Teodorico e anda sem fazer nada. Também há o Quebra-Queixo, um mulato de cara feia, amigo de novidades. O Chico Dentadura também poderá servir.

– E onde mora essa gente?

– Costumam vir aqui todos os dias, para a pinguinha. Estão na hora.

Nem bem disse isso e um caboclão mal encarado apontou na estrada – o Zé das Dúzias. Entrou. Pediu uma bebida da "boa." Elias Turco serviu-o e apresentou-o ao Capitão Gancho.

– Este é o Zé, um dos homens que indiquei. Zé das Dúzias mediu o Capitão Gancho de alto abaixo. Gostou. Viu imediatamente que era criatura da sua marca. Foram sentar-se a uma mesinha dos fundos e começaram a conversar em voz baixa.

Logo depois, vieram o Quebra-Queixo e o Chico – que também foram conduzidos à mesinha. Os quatro patifes cochicharam à vontade, enquanto bebiam copos e mais copos da horrenda pinga do turco. Quando se ergueram, pareciam velhos amigos.

– Pois é isso – concluiu o Capitão depois de deixar a venda. – O diabo da velha roubou-me o navio e quero agora roubar-lhe o sítio. Faço sociedade com vocês – metade para mim, metade para os três. Fechado?

– Fechado! – respondeu Quebra-Queixo, estendendo-lhe a mão.

Os outros fizeram o mesmo.

– O difícil – disse o Chico – é o tal bicho de chifre no nariz que há lá. Tenho medo daquilo.

– Pois eu não tenho! – berrou o Zé. – Esses bichos grandalhudos só oferecem perigo em campo raso. Nós invadiremos a casa e pronto. Lá dentro ele não entra – não cabe.

– Lá isso é – concordou o Chico.

Quebra-Queixo disse:

– E com uma boa espingarda, posso dar acabar com ele, apesar do que dizem por aí – que bala nenhuma penetra naquele couro. É o que quero ver! Tenho uma espingarda de carregar pela boca que vale um canhão. Ponho lá dentro quatro dedos de pólvora FFF e seis balas de chumbo e dou o tiro na "volta do apá." Vamos ver se o bicho revira ou não revira os olhos!

Depois de estudado o assunto, combinaram o dia e a hora do ataque.

– Depois de amanhã – disse o Zé das Dúzias. – Hoje tenho que ir à vila arrumar umas coisas. Só depois de amanhã estarei disponível.

Gancho resolveu ir à vila com o Zé das Dúzias, mas antes de separarem-se foram a outra venda para tomarem mais umas doses de pinga.

Enquanto isso, o Burro Falante combinava coisas com o Quindim.

– O Capitão Gancho virá fatalmente roubar o sítio – disse ele. – Temos de prever essa hipótese e ficarmos muito atentos.

– Que venha! – rosnou o rinoceronte. – Estou aqui para recebê-lo na ponta do chifre.

– Infelizmente, não disponho de uma arma como a sua – disse o burro –, só sei dar coices. Pode crer, Quindim, que ainda não dei um só coice em toda a minha vida!

– Nem eu...

O Burro Falante começou a rir.

– Sim, mas a sua defesa não é o coice. É a chifrada. Será que também nunca deu uma chifrada em toda a sua vida?

Quindim não quis passar por santo e confessou a verdade.

– Dei, sim, muitas, mas só lá na África, onde nasci. Naquele tempo, eu era um rinoceronte selvagem, como todos os outros. Depois que fui caçado e domesticado, nunca mais chifrei ninguém. Talvez por falta de oportunidade.

Estavam nessa conversa, quando ouviram barulho na porteira. Olharam. Era um bando de crianças.

– Ó de casa! – gritou uma delas.

OS VISITANTES

*D*ona Benta nunca deixou que os meninos dessem o seu endereço a ninguém, e isso porque milhares de crianças andavam ansiosas por passar temporadas lá – e se soubessem onde o sítio era, seriam capazes de abandonar tudo pelo gosto de conhecer a Emília e experimentar os bolinhos de tia Nastácia. Mas quem pode com certas crianças mais espertas que as outras?

Quem pode, por exemplo, com a Maria de Lourdes? Ou com a Marina Piza ou a Maria Luísa? Ou a Bjornberg de Coqueiros ou o Raimundinho de Araújo? Ou o Hélio Sarmento ou a Sarinha Viegas ou a Joyce Campos? Ou a Edite Canto ou o Gilbert Hime ou o Ayrton ou o Flávio Morretes ou a Lucília Carvalho? Ou o Gilson ou a Leda Maciel ou a Maria Vitória ou Nice Viegas ou os três Borgesinhos (Stila, Mário e Marila)? Ou o Davi Appleby ou o Joaquim Alfredo ou a Hilda Vilela ou o Rodriguinho Lobato e tantos e tantos outros?

Essa criançada achou meios de descobrir onde era o sítio de Dona Benta; e comandados pela Maria de Lourdes, ou a Rãzinha, lá foram conhecer. Infelizmente, erraram de época e apareceram justamente na pior das ocasiões, quando o pessoal do sítio estava no palácio do Príncipe Codadade.

Ao ver aquele grupo de meninos na porteira, o "administrador" foi recebê-los.

– O que querem? – perguntou na sua voz serena de burro filósofo.

A criançada assustou-se, porque nenhuma ainda tinha visto um burro falante, mas, como já o conheciam pelas histórias publicadas, se acalmaram. A Rãzinha falou em nome do bando.

– Somos amigos dos tais netos, cujas histórias vêm nas "Reinações de Narizinho" e outras obras. Muito lutamos para achar o sítio, mas, com muita força de procurar aqui e ali e de escrever cartas a este e àquele, conseguimos encontrá-lo. Agora, esta porteira aqui é novidade! Nos livros, a porteira é aquela outra lá – a porteira velha – disse a Rãzinha, apontando para a antiga porteira do pasto.

– Sim, esta porteira tem uma semana apenas – explicou o burro – é a que separa o sítio de Dona Benta da Terra da Fábula.

A Rãzinha não entendeu.

– Que Terra da Fábula é essa, Conselheiro?

– Não sabe ainda? Pois Dona Benta comprou diversas fazendas vizinhas para as quais terras mudaram-se todos os personagens do Mundo das Fábulas. Isto aqui anda agora está movimentadíssimo. D. Quixote e Sancho estiveram aqui também, além do Príncipe Belerofonte com o Pégaso e a Quimera. E o Pequeno Polegar está lá dentro, na enfermaria, sarando de uma perna quebrada.

O espanto das crianças não tinha limites.

– Como é? Como é isso? Com que então os...

– Sim, todos os personagens da Fábulas mudaram-se para as Terras Novas.

– Peter Pan também?

– Também. Peter Pan e as princesas e os príncipes todos, Branca de Neve, Codadade...

As crianças estavam tontas. Imaginaram uma coisa e vieram encontrar outra.

– Mas... e Narizinho, Pedrinho, Emília?

– Todos estão fora em aventuras lá pelo bairro das "Mil e uma Noites." Parece que o Príncipe Codadade vai se casar com a Princesa Branca de Neve.

– Como vai se casar, se Branca já é casada?

– Parece que enviuvou. Eu não sei bem da história, mas ouvi dizer.

– Que azar o nosso! – exclamou a Rãzinha. – Viemos de tão longe e encontramos a casa vazia! Nem tia Nastácia?

– Nem tia Nastácia anda por lá também. Foram todos no "Beija-Flor das Ondas".

Ninguém entendeu. Ninguém sabia de tal beija-flor. Tudo estava sendo a maior novidade para aquelas crianças.

– E agora? – murmurou a Rãzinha voltando-se para o grupo.

Indecisão, uns acharam melhor voltar. Outros opinaram por uma visita à casa deserta.

– Sim – disse Ayrton –, não podemos voltar de mão abanando. Pelo menos, quero ver as panelas em que tia Nastácia faz os bolinhos.

A Rãzinha disse ao burro:

– Senhor Conselheiro, estas crianças vieram de muito longe e querem entrar para uma vista d'olhos. É possível?

O Burro Falante mostrou-se bastante atrapalhado. Tinha ainda fresco na memória a confusão que houve no caso do anjinho, quando o sítio foi invadido pelas crianças inglesas. O bando agora era menor, mas não havia ninguém na casa. Como recebê-las ali, ele e o Quindim?

– Não sei, senhorita, se devo ou não abrir a porteira. As ordens de Dona Benta são para não receber ninguém...

– Sim, ninguém daqui das redondezas – argumentou a Rãzinha –, mas não gente vinda de longe, como nós. Dona Benta de forma nenhuma seria capaz de acolher de maus modos um bando de crianças amigas de seus netos. Eu, por exemplo, já troquei várias cartinhas com a Emília...

O burro coçou a cabeça e, por fim, disse:

– Pois entrem, mas não me estraguem nada. O responsável por tudo sou eu.

Foi uma alegria imensa para a criançada. Eles no sítio de Dona Benta! Que coisa incrível!

Entraram todos, em um atropelo só! Ao darem com o rinoceronte, houve aquela gritaria.

– O Quindim! – exclamou Hilda. – Parece incrível que nossos olhos estejam vendo o célebre Quindim!...

O medo ao paquiderme desapareceu rapidamente, e as crianças rodearam-no, cada qual dizendo uma coisa, fazendo uma observação. O Gilbert chegou a cutucá-lo com um pauzinho, para ver a dureza da casca.

– E que tal um passeio no Quindim? – lembrou o Gilson.

A ideia foi recebida com palmas.

– Viva! Viva! Passeio no Quindim!...

O rinoceronte era o animal de maior paciência que existia no mundo, um gênio maravilhosamente. Estava por tudo. Foi, então, com a melhor das boas vontades que deixou que os meninos subissem ao seu lombo. Para alcançá-lo, tiveram de recorrer a uma escadinha americana, das que ficam em pé em forma de V invertido.

A Rãzinha colocou-se no chifre, que era o lugar da Emília.

– A Emília agora sou eu, gentarada! Quindim deu várias voltas pelo pasto com o bando de crianças, fazendo o maior dos berreiros em cima dele.

– Eu sou Pedrinho! – berrava uma.

– E eu sou Narizinho! – gritava outra.

– E eu sou Dona Benta! – dizia a terceira.

– E eu, tia Nastácia!

– E eu sou um bolinho!

Dadas as voltas, Quindim parou em frente à varanda e todos apareceram. Subiram a escadinha. Sentaram-se na rede, nas poltronas de vime e até na célebre cadeira de pernas serradas de Dona Benta.

– Vamos brincar de "sítio"! – propôs a Joyce. – Eu sou Dona Benta. – Pegou na mão do Gilson e disse, fingindo voz de velha:

– Ah, Pedrinho, que mão suja a sua! E que é isso amarelo em sua cara?

Gilson respondeu:

– São bigodes de manga, vovó. Eu sou o Conde dos Bigodes de Manga!

– Mentira, Dona Benta! – gritou a Marina, fingindo-se de Emília. – É que ele não lavou o rosto hoje.

"Dona Benta" fez uma cara muito triste.

– Ah, Pedrinho, onde se viu um herói como você, que anda em livros, assim de cara suja?

Nesse momento, o vento levantou no pasto uma pena de galinha. Nova gritaria!

– O Peninha! O Peninha! – gritaram todos – e saíram correndo atrás da pluma.

Quindim e o Burro Falante sorriam, empolgados com a cena.

– Gosto de ver estes quadros – disse o Conselheiro. – Gosto de ver as crianças em plena alegria da liberdade, porque fui muito infeliz quando criança, nunca brinquei...

Depois da correria com a pena, um mais guloso lembrou-se do pomar.

– Ao pomar! Ao pomar!... – e todos correram para o pomar em uma correria só!

Que delícia! Era justamente o mês das jabuticabas – e havia lá uma porção de árvores carregadinhas.

– Esta é de Sabará! – disse o Appleby – e subiu pelos galhos acima com ligeireza de gato.

– E esta aqui é das de penquinha! – gritou o Mário Borges, pulando para a árvore próxima.

E começou a festa do *tloque* – *pluf.* Tloque – uma fruta arrebentada entre os dentes; pluf! – o caroço fora. Só faltava o nhoque! A parte do nhoque era feita pelo Rabicó – o comedor de caroços e cascas. Então, para completar a cena, até o Rabicó apareceu !

– Rabicó! Rabicó! – gritou a criançada ao ver surgir o célebre porquinho. – Viva o Marquês de Rabicó!

O leitão aproveitou a "onomatopeia" das jabuticabas e *tloque-pluf-nhoque!*...

De repente, um galho estalou e ouviu-se um tombo.

– O Ayrton caiu! O Ayrton caiu! – gritaram dez vozes.

De fato assim fora. O galho em que estava o Ayrton lascou e veio com ele abaixo. Felizmente não machucou o menino.

Depois de conversarem e brincarem muito, as crianças desceram e correram para a varanda.

– Que pena a casa estar fechada! – disse o Flávio. – Eu tanto queria ver o célebre museu da Emília...

– E eu queria dar umas flechadas com o estilingue de Pedrinho! – gritou o Raimundo.

Maria Vitória ficou pensativa.

– Em que está pensando? – perguntou a Maria Luísa.

– Estou pensando que, ao voltar ao Rio e contar que estive no Sítio do Picapau Amarelo, nem mamãe vai acreditar...

– E eu estou pensando na inveja da meninada inteira do Brasil, quando souber da nossa aventura. Que África, hein?

Nesse momento, uma figurinha no terreiro chamou-lhes a atenção.

– Olhem quem vem lá – o Polegar!... – exclamou a Edite Canto, de olhos arregalados. – Que amor de criaturinha...

Polegar já havia sarado, mas vinha de muletas. Ao ouvir o barulho na varanda, pulou da caminha para ver o que era. O encontro de tantas e tantas crianças o fez abrir a boca.

– Meu amor, meu amor! – e a Rãzinha colocou-o na palma da mão.

Que festa foi aquilo! Até parecia sonho! O célebre Pequeno Polegar – que as crianças do mundo inteiro só conhecem de fama e de história – estava bem ali, de carninha e ossinho – vivinho da silvinha.

– E essas muletas, Polegar? O que é isso? Você nunca foi aleijado...

Polegar contou a sua terrível aventura no Cedro Grande com o casal de passarinhos, as bicadas que levara e, finalmente, o tombo que caiu.

– Pois é, caí e quebrei a perna. Felizmente, o bicho de três cabeças me trouxe para cá, e tia Nastácia cuidou muito bem de mim com as suas pomadas.

– Bicho de três cabeças? – repetiu a Leda Maciel. – Que história é essa?

Polegar teve de contar toda a história da Quimera e do herói Belerofonte. Por fim, queixou-se de Pedrinho e Narizinho:

– O que eles fizeram não é direito. Deixaram-me aqui sozinho, imaginem...

– Sozinho, sozinho?

– Sim. Isto é, ficou também o Capitão Gancho, mas esse...

A Joyce arregalou os olhos.

– O Capitão Gancho? Pois essa peste também esteve cá?

– Esteve, sim – e ficou aqui depois que Dona Benta e os netos embarcaram no "Beija-Flor das Ondas". Se eu não me engano, ele ainda volta para assaltar o sítio. Aquelas palavras assustaram as crianças.

– Assaltar, como? – perguntou o Gilbert.

– Ele está queixoso por lhe terem tomado a "Hiena dos Mares" e jurou vingança! Como nada conseguiu, saiu dando pontapés nas latas velhas e vomitando pragas.

– Mas por seiscentos milhões?

– Sim. Ele não faz por menos...

Enquanto isso, a Hilda Vilela conversava com o Burro Falante.

Logo, um pequenino veio chegando.

– Quem é esse xereta? – perguntou o Burro.

– Não conhece? Pois é o célebre "boneco americano", o Rodrigo. Quer ver?

E chamando o pequenino:

– Venha, Rodrigo, venha fazer um "bonequinho americano" para o Conselheiro ver.

O pinguinho de gente aproximou-se, parou diante do Burro e, enterrando a cabeça nos ombros, imitou um tal "boneco americano" que só ele sabia o que era. O Conselheiro achou tanta graça que não conteve e caiu na gargalhada!

A
FUGA

A visita da meninada ao Picapau Amarelo seria dessas coisas de comer e berrar por mais, se não fosse o maldito Gancho. O piratão estragou tudo. Chefiadas pela Rãzinha, as crianças estavam vivendo uma vida de puro sonho, com brincadeiras e mais brincadeiras, quando foram interrompidas pelo Polegar.

O homenzinho aproximou-se com ar assustado e disse:

– As coisas não vão bem. Estive vigiando o pomar e vi o Capitão Gancho e mais três homens de cara feia esconderem-se dentro daquele pé de carambola. Aproximei-me na ponta dos pés e ouvi perfeitamente o pirata falar assim: "O melhor é a gente se esconder aqui para o assalto à casa à noite." Isso eu ouvi, eu juro! Vocês agora resolvam o que quiserem.

Os meninos olharam uns para os outros, atrapalhadíssimos.

O que quer fazer? Permanecerem ali, era ultraperigoso. O prudente seria escaparem do sítio antes que viesse a noite. Assim pensavam as meninas. Já os meninos pensavam outra coisa: em "organizar a resistência."

– Sim – disse Ayrton – avisaremos ao Quindim e ao burro e nos armaremos com paus e pedras. O perigo nesses ataques é a surpresa; quem sabe o que vai ser atacado, defende-se muito bem. Eu voto pela resistência.

As meninas, entretanto, eram umas grandes medrosas. Nenhuma queria saber de resistências – só pensavam na fuga. Até a Rãzinha, que parecia corajosa como a Joana d'Arc.

– Nada de lutas! – disse ela. – Viemos aqui a passeio, não para guerras; e como estou no comando, minha ordem é de retirada, já, já.

– Mas isso é uma vergonha! – protestou o Gilson. – Vamos ficar desmoralizados perante o mundo.

– Bolas para o mundo! – disse a Rãzinha. – O que para nós tem importância são as nossas mamães e papais – não é o tal mundo duma figa. Imaginem que seguimos a cabeça do Ayrton e organizamos a tal resistência – e em vez da vitória vem a derrota, e o Capitão Gancho nos aprisiona e nos leva para não sei onde, de mãos e pés amarrados!

– Mas nós vamos vencer, Rãzinha!

– Quem entra numa guerra nunca sabe o fim. Lembre-se da Alemanha em 1914. Estava certíssima de vencer – e venceu? Uma ova! Nada, não quero saber de histórias. Quem manda aqui sou eu, como chefa do bando – e minha ordem é para uma boa retirada estratégica.

– Contudo, o ataque, segundo diz o Polegar, é à noite; podemos ainda chupar umas jabuticabas e encher os bolsos.

– Nem isso eu concordo! – declarou a Rãzinha com a maior firmeza. – Os bandidos estão ocultos dentro do pé de carambola. Quem não comeu para aproveitar já era. Vamos fugir daqui!

Com grande dor de coração, a criançada obedeceu à voz do comando. Depois de despedirem-se do Quindim e do burro, foram para a porteira.

– Já sabe da história? – disse a Sarinha ao burro.

– Que história?

– Dos bandidos ocultos na caramboleira?

– Quem disse isso? – exclamou o Conselheiro, pálido como uma folha de papel.

– Converse com o Pequeno Polegar. Adeus, Conselheiro! Quando os personagens do sítio vierem, conte-lhes da nossa visita. Adeus, adeus!...

– Adeus, adeus! – repetiu a criançada – e todos fugiram correndo.

O Burro Falante foi falar com o rinoceronte, o qual contou tudo. Quindim, furioso, dirigiu-se a passos largos para o pomar.

Diante da caramboleira parou para armar o bote – e investiu contra a árvore com tamanha fúria que a atravessou de lado a lado como um tanque.

Perdeu a chifrada. O Capitão Gancho com os capangas tinham estado ali, mas já não estavam mais. Estavam na venda do Elias, bebendo espírito-de-vinho e matando o tempo. O assalto fora transferido para o dia seguinte.

Quindim e o Conselheiro passaram a noite montando guarda. Como não acontecia coisa nenhuma, sossegaram.

– O Capitão Gancho com certeza desistiu do assalto – disse Quindim. – Não haverá nada.

– Bom – disse o burro – nesse caso, vou para o meu serviço e você fica de sentinela. Havendo qualquer coisa, dê um daqueles urros de bicho africano, que virei a galope!

O CASAMENTO DE BRANCA DE NEVE

O casamento de Branca de Neve com o Príncipe Codadade era a primeira grande festa a se realizar nas Terras Novas. Os príncipes orientais são amigos da grandeza e do luxo. Codadade quis que o seu casamento derrotasse todos os casamentos que já haviam acontecido até aquela época, e ordenou ao mordomo Abude que não poupasse dinheiro nem coisa nenhuma. Estava resolvido a gastar metade dos seus tesouros para espantar o mundo com uma tremendíssima festa.

Iniciaram-se imediatamente os arranjos, e os convites foram enviados para todos os personagens da Fábula – menos os monstros. Tia Nastácia – já completamente sarada do veneno de Cupido – encarregou-se das comidinhas – e era um prazer vê-la na grandiosa cozinha do palácio, de mangas arregaçadas, dirigindo os cem cozinheiros codadadianos. Esses grandes mestres sabiam fazer os pratos mais raros e caros – faisões com recheio de língua de rouxinol, javalis assados inteiros com molho de néctar furtado ao Olimpo dos gregos; omeletes de ovos da Fênix e outras aves famosíssimas. Tia Nastácia, entretanto, ria muito com eles.

– Ché, tudo isso é muito bom para quem gosta de comer com os olhos. Para quem come com a boca e mastiga bem, não há comida como a minha – mocotó à baiana, muito apimentado; vatapá com azeite-de-dendê; quibebe, costeleta com anguzinho de fubá; picadinho, virado de feijão com torresmo... Vocês façam esses "pratos bonitezas" que eu faço os meus "pratos gostosuras." No dia da festa, vamos ver quem vence...

Ilustração de Franz Jüttner

Para enfeitar o palácio, houve uma verdadeira devastação nas florestas; nos velhos troncos não ficou nem uma só orquídea ou parasita rara. Também houve limpeza nas avencas, begônias e musgos dos lugares úmidos.

Codadade confiou a ornamentação do palácio à deusa Flora, lá do bairro grego – e Flora trouxe a sua amiga Fauna, que é quem toma conta dos animais. Netuno mandou um belíssimo sortimento de algas do mar – e tanta concha preciosa, e tanto caramujo, que nem cabia no palácio!

– É demais! – exclamou Dona Benta. – Eles estão devastando o mundo.

E a música? Oh, a música! Compareceram todos os rouxinóis das florestas, todos os sabiás, todas a patativas, todos os canários e melros e até os tico-ticos. Orfeu – que era o maior músico da antiguidade – veio pessoalmente dirigir a grande orquestra – e trouxe a sua miraculosa lira. Dona Benta explicou:

– Este freguês foi educado pelas Musas. Sua lira tem a propriedade de encantar a quem a ouve – seja fera, rio ou árvore. Tudo cai no gosto, de boca-aberta e olhos pasmados; as feras choram de ternura; as árvores derramam as folhas como se fossem lágrimas; os rios param de correr, com todos os peixes de cabecinha de fora...

O Príncipe andava numa lufa-lufa tremenda, porque fazia questão de que não faltasse uma só princesa. Era ele próprio quem escrevia os convites.

– Ufa! – exclamou num momento de descanso. – Creio que vou reunir todas aqui, não me esqueci de nenhuma.

– Eu sei de uma que não vem – disse Emília. Codadade encarou-a interrogativamente.

– A Bela Adormecida do Bosque. Não vem, porque está dormindo...

– Mando acordá-la! – gritou o Príncipe – e deu ordem ao Abude para acordar a Bela Adormecida do Bosque.

No dia da festa, desde cedinho, começaram a chegar carruagens e mais carruagens. Rosa Branca e Rosa Vermelha vieram ao mesmo tempo, apesar de estarem brigadas. Aladim apareceu com a lâmpada a tiracolo. Os heróis gregos surgiram num grupo – Aquiles estava vestido de guerreiro, com o famoso escudo ao ombro; Jasão, o chefe dos Argonautas; Midas, o rei da Frigia; Perseu, o herói que decepou a cabeça da Medusa...

E vieram as semideusas gregas, cada qual mais resplendente de formosura: as Doze Musas; as Três Graças; Filomela, a deusinha dos rouxinóis; Pomona, a ninfa que presidia aos jardins e pomares; Pirene...

Quando Pirene apareceu, Emília berrou:

– Lá está ela que, de tanto chorar, se transformou na fonte do Pégaso!

E veio Psique, a belíssima criatura que conquistou o coração de Cupido moço; e veio a boa Penélope, que fiava uma teia sem fim...

E veio até a Fênix – a ave que renasce das próprias cinzas.

Codadade hospedou-a no galinheiro.

E depois dos gregos vieram personagens de outras mitologias, como o Príncipe Mitra, da Pérsia, a personificação do Sol; e Niorde, uma espécie de Netuno da Escandinávia; e a formosa Tisbe, da Babilônia, que causou sem querer a morte do seu amado Píramo.

– Como foi a sua história? – perguntou-lhe Emília.

A bela criatura deu um suspiro.

– Nem queira saber, criaturinha! Certo dia, combinei um encontro com o meu amado noivo Píramo, um encontro no túmulo do Rei Nino. Fui e cheguei primeiro, mas apareceu lá uma terrível leoa de dentes arregalados. Consegui escapar, mas, na fuga, perdi um véu que levava. A leoa, furiosa, estraçalhou esse véu. Logo depois, veio Píramo; vendo o meu véu todo estraçalhado, supôs que a leoa tivesse me comido – e suicidou-se...

– Pois, então, queira aceitar meus pêsames – disse Emília, e saiu correndo para contar a história aos outros.

Depois de Tisbe, chegou uma encantadora dançarina hindu – Sundartará, trazendo consigo uma gaiolinha dourada. Emília quis saber o que havia lá dentro. Era um camundongo! A formosa dançarina do deus Xiva nunca largava esse camundongo – sinal, pensou Emília, de que em outra encarnação ela havia sido gata.

Vinha gente que não acabava mais. De repente, apareceu uma figurinha de meio palmo. Passou mancando, apoiado numa muletinha de pau de fósforo.

– Polegar! – berrou Emília reconhecendo-o – e, ao ouvir esse nome, Dona Benta sentiu de novo a célebre pontada no coração.

– Meu Deus! – exclamou aflita. – Positivamente estou ficando caduca. Pois não é que deixei o Polegar sozinho no sítio, em companhia do Capitão Gancho?

E era verdade! Na fúria de embarcarem no "Beija-Flor", nem ela, nem tia Nastácia, nem ninguém, se lembrara do pobre estropiadinho lá na enfermaria, com a perna imobilizada no gesso. Que judiação!

Polegar chegou e foi direto a Dona Benta. Parecia aflito.

– Que há, figurinha?

– O que há – disse ele se arrumando nas muletas – é que o sítio está ameaçado de ataque. O pirata que a senhora esqueceu lá tentou seduzir o burro e o hipopótamo...

– Rinoceronte – corrigiu Dona Benta.

– Sim, o chifrudo. Nada conseguindo, retirou-se, danado da vida, rogando mil pragas de milhões e está com intenção de reunir os malfeitores da zona para um ataque ao sítio. Pelo menos é essa a opinião do Burro Falante. Ora, eu achei de meu dever vir avisar à senhora. Outra novidade é que a sereia fugiu.

Pedrinho ficou danado.

– E como conseguiu chegar até aqui, que é tão longe? – perguntou-lhe Narizinho.

– Para mim não há distâncias – respondeu Polegar. – Com as botas de sete léguas, não respeito quilômetros.

A pontada de Dona Benta ia apertando.

– Como há de ser agora? – disse ela aflita. – Quindim é valente e o Conselheiro é um sábio, mas, afinal de contas, não passam de quadrúpedes. O sítio não pode ficar entregue unicamente a eles. O que fazer?

Pedrinho foi de opinião que se reforçasse a defesa do sítio, mandando para lá a Quimera e Pégaso. No entanto, onde estavam eles? Ninguém sabia. Dona Benta pensou em voltar sem demora.

– E a festa? – disse Narizinho. – Não podemos perder uma festa que será a maior do mundo.

– Também não podemos perder o sítio que é o melhor do mundo – alegou Dona Benta. – Vamos ouvir a opinião de tia Nastácia. Chamem-a.

Tia Nastácia estava nas cozinhas imperiais, dirigindo o assamento de mil e trinta e sete faisões. Ao receber o recado de Dona Benta, largou tudo e veio enxugando as mãos no avental.

– O que é, Sinhá?

Dona Benta explicou a situação à ela. A cozinheira franziu a testa.

– A culpa é nossa, Sinhá. Somos duas velhas de cabeças viradas, que andamos fazendo tanta asneira como as crianças.

No entanto, asneira de criança tem desculpa; de gente velha não tem. Onde estávamos com o miolo quando saímos do sítio e esquecemos do pobre doentinho? Credo!

– Mas agora? O que acha que devemos fazer?

– Agora, Sinhá, é fazer como a Emília manda: "fecha" os "zoio" e se "pincha" no abismo. Se o sítio for roubado, a senhora ficará morando aqui. Estou gostando muito deste palácio. Que cozinha, Sinhá! Parece uma sala de visitas. Tudo de mármore e pratas brilhando! E eu aqui não faço nada – só dou ordens. Tenho mais de cem ajudantes...

Não adiantou nada a consulta à tia Nastácia. Dona Benta fez vir o Visconde. Explicou a situação a ele.

– E agora, Visconde? O que fazer?

O Visconde coçou as palhinhas de milho do pescoço. Não achou remédio. Os sábios são criaturas indecisas; não resolvem nada.

Emília meteu no meio a colherzinha torta.

– Ora, ora, ora, Dona Benta! – disse ela. – O caso é dos mais simples. Deixamos tudo como está para ver como é que fica. Se os capangas do Capitão Gancho tomarem posse do sítio, nós daremos um jeito. Se não tomarem, melhor!

Dona Benta achou que a solução da Emília não era solução de coisa nenhuma, mas, como já estava cansada de pensar naquilo, aceitou-a.

– Pois então fica assim... – e, suspirando, voltou a assistir ao desfile dos grandes personagens convidados.

Vinha gente que não acabava mais; uns, a pé; outros, em riquíssimas carruagens; outros, a cavalo; outros, em cima de elefantes ricamente decorados.

Dois apareceram em burrinhos – o semi-deus Sileno, gordíssimo e todo enfeitado de rosas, e Sancho Pança.

Pedrinho chamou Sancho para saber notícias de D. Quixote.

– Ah, esse não vem – respondeu o escudeiro.

– Por quê?

– Porque não pode andar. Meu amo teve um combate com a Hidra de Lema e ficou descadeirado. A Hidra, que é uma peste, deu-lhe uma tal lambada com a ponta do rabo que ele foi ao chão com seis costelas partidas.

– E onde ficou?

– Deixei meu amo numa caverna que há lá e vim em busca de remédios. Nesse momento, dei com este palácio e esta gentarada entrando – e resolvi entrar também para ver se como alguma coisa. Estou com uma fome de três dias.

– E os remédios para D. Quixote?

– Isso verei depois. Saco vazio não fica em pé. Primeiro a pança – depois as costelas de meu amo...

OS "PENETRAS"

Se fôssemos descrever, ou simplesmente mencionar, todos os convidados, não haveria papel que chegasse. Povo numerosíssimo, o da Fábula! Em certo momento, Emília deu um dos seus mais famosos berros:

– Lá vêm vindo eles – o Príncipe Escamado com toda a corte. Estou vendo o Major Agarra, Dona Aranha, o Doutor Caramujo!

O berro chegou aos ouvidos de tia Nastácia lá na cozinha, a qual, ao ouvir a menção do Doutor Caramujo, apareceu na porta, com uma espumadeira na mão.

– Não se esqueça, Emília, de pedir "prele" umas dez pílulas. Está me fazendo muita falta.

Emília obteve do Doutor Caramujo um bom punhado do célebre cura-tudo em pacotinhos.

Bem atrás do bando vinha um gato.

– Será o Gato Félix verdadeiro ou o falso? – quis saber Narizinho.

– Se passar por aqui e nos puser a língua, é o falso! – disse Emília – e acertou. Ao reconhecê-los na janela, o bichano pôs a língua para o Visconde. Era o falso.

– Espere aí, seu diabo! – gritou Pedrinho, correndo à procura do estilingue. Não o achou. Voltou danado!

– "Quem será que anda mexendo em minhas coisas?" – disse ele com os olhos na Emília.

Mas a espertíssima criatura desviou a atenção do caso com outro berro:

– O Peninha! O Peninha!...

Todos debruçaram-se na janela, ansiosos: "Onde, onde, Emília?".

– Lá! – dizia ela apontando para um ponto e outro. – Estou vendo uma peninha flutuando no ar – logo, é o Peninha!...

Sim, havia uma pena flutuando no ar, trazida do galinheiro pelo vento. Uma pena da Fênix, com certeza, que, naquela hora, estava brigando com um galo índio.

– A peninha do Peninha era verde, essa é de cor cinza – disse Pedrinho.

– Pode ter desbotado – resolveu Emília. Lá em seu camarote, no "Beija-Flor", Branca preparava-se para a festa.

Narizinho foi ajudá-la. Havia caixas e mais caixas de vestidos maravilhosos mandados por Codadade.

– Lindos, não? – disse Branca.

– Lindíssimos – concordou a menina –, mas nenhum vale o que Dona Aranha fez para o meu casamento.

Branca arregalou os olhos.

– Casamento? Pois então você é casada, Narizinho?

– Sou quase casada – e contou rapidamente a história do seu noivado com o peixinho e a tragédia que houve. – Quando ouvimos aquele trovão horrível, os convidados sumiram-se no maior pânico, e nós voltamos a galope para o sítio. Um dia hei de contar a história inteirinha. Hoje não há tempo.

– E como era o tal vestido da Aranha?

– Nem queira saber, Branca! Era feito da cor do mar com todos os seus peixinhos – tudo vivo, nadando na fazenda...

Branca não entendeu.

– Com qual cor? Havia de ser de qualquer coisa colorida – seda, lã, veludo...

– Aí é que está o formidável! Não era de tecido nenhum – só a cor – cor solta no ar. Nunca mais houve um vestido assim no mundo...

Branca ficou cismada!

Nesse momento, apareceu um emissário de Codadade; vinha saber se a Princesa estava pronta.

– Diga ao Príncipe que estou quase pronta. Mais um minutinho só. E para a menina:

– Estas festas são lindas, mas como cansam! Já estou que não posso mais comigo, de tanta dor nos pés!

– Também quem a mandou calçar sapatinhos de tão pequeno tamanho? Podem ser uma beleza, mas, em matéria de sapato, o bom é a comodidade.

Ilustração de Silvio Baldessari

– Não tive remédio, Narizinho, senão usar estes que me mandou a Gata Borralheira. Se ela me visse no baile com outros, havia de magoar-se – e com muita razão.

No momento de colocar as joias, o embaraço foi grande. O Príncipe mandara cofres e mais cofres de colares, braceletes, anéis, broches – tanta coisa que Branca, atordoada, não sabia o que escolher.

– Vá sem joia nenhuma – aconselhou a menina. – Quem tem a sua pele e a sua beleza não liga para joias.

– É verdade – concordou Branca. – Além de que não há tempo para experimentar nem meia dúzia destes colares. Estou na hora. Adeus...

Branca tomou nas mãos a cauda do vestido e saiu correndo. Codadade já devia estar impaciente.

Lá na janela de Dona Benta, Emília sondava os horizontes por meio do binóculo.

– Estou vendo uma poeira, longíssimo.

– Deve ser aquele tal Príncipe Pé de Vento que você inventou – disse Pedrinho.

– Não. Parece poeira levantada por animais... Sim, é isso... São animais que vêm vindo, um bando grande – mas animais esquisitíssimos...

– Será possível? – exclamou Pedrinho.

Emília não tirava os olhos do binóculo.

– É possível! – murmurou. – Mais que animais! São monstros!...

Dona Benta sentiu de novo a pontada no coração.

– Não pode ser, Emília – disse Pedrinho. – Codadade mandou convites para todos os personagens da Fábula, menos para os monstros.

– O que tem isso? Em toda festa há os "penetras", os que entram sem convites. É o que vai acontecer hoje.

De fato foi assim. Os monstros fabulosos, ofendidos com o Príncipe por não tê-los convidado, resolveram vir estragar a festa. Vinham vindo todos, a galope, levantando nuvens de poeira. Dona Benta foi indicando os que conhecia. A Hidra de Lerna, a tal que havia descadeirado D. Quixote. Briaréu, o gigante de 50 cabeças e 100 braços. Bandos de centauros e faunos. Os ciclopes, gigantes de um só olho no meio da testa. Diómedes, feroz tirano da Trácia que alimentava os seus corcéis com a carne dos hóspedes. Os Egipãs, metade homens, metade bodes. Encélado, o titã que procurou escalar o céu e caiu no fundo do vulcão Etna, derrubado por um raio de Júpiter. As Três Fúrias: Tisífona, Aleto e Megera. Cérbero, o terrível buldogue que guardava as portas do Inferno. As Três Górgonas, de cabelos de serpentes. Pítia, a gigantesca serpente que lutou com Apolo. Vários hipogrifos: cavalos alados, com garras e caudas de dragão.

Vinha até a pobre Quimera, lá trás de todos, mancando.

Já não era necessário o binóculo para reconhecê-los – e o tumulto surgiu no palácio. Codadade pediu o auxílio de Aladim, o dono da Lâmpada Maravilhosa, e mandou suspender a ponte levadiça do palácio. Aquiles sacou a espada. Os outros príncipes fizeram o mesmo. A luta seria tremenda! Lá na cozinha, tia Nastácia esqueceu de tudo, deixou que os faisões se queimassem no forno e saiu como uma doida, gritando:

– Dona Benta! Dona Benta! Socorro! – Mas perdeu-se na enorme barafunda, não achando Dona Benta...

Branca de Neve desmaiou nos braços do Príncipe Codadade, e as outras princesas imitaram-na. Descobriram esse maravilhoso meio para sair dos apuros: um gritinho, ai, ai, e pronto. Já os homens – que não tinham esse direito – puseram-se a dar pulos. Eram hóspedes do Príncipe Codadade, portanto, obrigados a defendê-lo até à morte. Breve formou-se em torno de Codadade uma verdadeira muralha de peitos humanos.

Sancho passou pela janela dos meninos com um peru assado em cada mão, rumo ao seu burrinho deixado na porta do palácio. Montou e fugiu!

Aquele ato de sabedoria abriu os olhos de Dona Benta.

– É o que temos de fazer – disse ela. – Voltar para o iate, já, já.

Pedrinho não quis; teimou em ficar para defender o Príncipe ao lado de Aquiles e demais heróis gregos. Por fim, vendo que nem estilingue tinha, acompanhou a vovó. Num instante, alcançaram o iate, onde deram ao Visconde ordem para abrir as velas.

– Temos de nos afastar daqui a todo custo, Visconde! – disse Dona Benta. – A luta vai ser horrorosa...

– E Branca de Neve? – perguntou o Dunga.

– Ficou no palácio do Príncipe.

– Nesse caso, não partiremos! – resolveu o Dunga – e foi apoiado pelos outros anões.

Por nada no mundo eles abandonariam a sua amada princesinha. E agora? Era indispensável chamar Branca. Mas como? Quem iria ao palácio numa situação daquelas?

– Pois o Visconde! – resolveu Emília. – Se for esmagado, Nastácia arranja outro ainda melhor.

Não houve remédio. Heroicamente o Visconde foi correndo ao palácio em busca da Princesa. Encontrou-a. Deu o recado, mas ninguém se lembrava que a flecha do Cupido havia feito nascer em seu coração um grande amor e a resposta de Branca foi a de uma verdadeira heroína.

– Diga a Dona Benta, Visconde, que, embora eu muito lhe agradeça as boas intenções, de forma nenhuma, abandonarei o meu amado noivo. O amor nos uniu para a vida e para a morte. Aqui estou, aqui fico.

O Visconde voltou entusiasmado.

– Então? Cadê a Princesa? – gritou Pedrinho ao vê-lo chegar com os bofes de fora.

– Declarou que não vem; que ama o Príncipe e por nada no mundo o abandonará. Isso é que é amor!

– Mais esta agora! – exclamou Dona Benta. – Os anões teimam em não abandonar Branca. Branca teima em não abandonar o noivo. O que fazer?

Estavam todos na maior indecisão, quando Polegar reapareceu; tinha ido ao sítio nas suas botas de sete léguas e vinha voltando.

– Aconteceu exatamente como o burro previu – disse ele.

– O Capitão Gancho atacou a casa com um bando de malfeitores e está lá dentro.

Pedrinho ficou chateado.

– E o que faz por lá aquele porcalhão do Quindim?

– Quindim é valente no terreiro – disse Polegar –, mas nada pode contra pessoas escondidas dentro de casa. Ele não cabe nas portas...

Era isso mesmo. Quindim estava certo.

A aflição de Dona Benta crescia cada vez mais. O que fazer? Que fazer, meu Deus do céu? De um momento para outro, haviam ficado na rua. Nem mais o palácio de Codadade, nem o sítio. Só lhes restava um iate sem tripulação. E agora?!

FALTA UM: ELA!

*F*iéis como eram, por nada no mundo, os anões abandonariam Branca de Neve, de modo que, sem sequer se despedirem do comandante, correram para o palácio.

Como estavam sozinhos no iate, Dona Benta e os meninos resolveram colocarem-se às ordens do Comandante para lidar com as cordas e velas da embarcação. E tanto fizeram que o "Beija-Flor" se moveu. Horas depois ancorava na Prainha.

O Burro Falante viera esperá-los.

– Então, como foi isso, Conselheiro? – perguntou Dona Benta. – Como deixaram que os malfeitores tomassem nossa casa?

– Não houve jeito de o impedir, Dona Benta – explicou o burro. – Eu estava fora, no serviço, e o Quindim, que ficara de guarda, cochilou – e eles entraram e parece que não pensam em sair.

– Esta noite eu daria uma arrumação nisso – declarou Pedrinho, desembrulhando uma coisa comprida. – Deixem o caso comigo.

Era um jacaré seco que ele havia achado numa das cabinas do iate. Desembrulhou-o e amarrou-lhe na barriga um despertador com corda.

– Meu plano – disse ele – é ir lá à noite e esconder este jacaré no quarto do Capitão Gancho, de modo que ele o veja logo que acordar. Juro que foge ventando!

E Pedrinho partiu para o sítio montado no burro, com o jacaré seco na garupa. Entrou pelos fundos do pomar, espiou bem e ficou esperando a noite.

Assim que anoiteceu, entrou cautelosamente por uma janelinha dos fundos e, na ponta dos pés, começou a procurar o quarto do Capitão Gancho. Era o de Dona Benta! O piratão estava roncando justamente na cama de Dona Benta!

– Desaforado! – resmungou Pedrinho e, sem fazer o menor ruído, dispôs ali o jacaré seco. Para o despertador, amarrou um barbante cuja ponta ia até ao outro extremo do quarto. Quando de manhã o bandido se levantasse para abrir a janela, esbarraria no barbante – e o despertador despertaria.

Deu tudo certinho!

Lá pelas seis horas da manhã, o pirata acordou. Sentou-se na cama. Espreguiçou-se. Por fim, foi abrir a janela. Nesse momento, tropeçou no barbante: o despertador lá na barriga do jacaré fez tri-lim-lim-lim...

– Será o crocodilo? – murmurou o bandido, apavorado.

Correu até janela, abriu-a e viu... viu com seus próprios olhos o crocodilo no quarto, de boca aberta!

O Capitão Gancho estava acostumado a correr do crocodilo, mas, em tempo nenhum, correu como naquele dia. Vendo-o fugir, os capangas fizeram o mesmo. Pareciam veados! Um deles passou ao alcance do Quindim e foi alcançado por uma chifrada nos fundilhos! Outro passou perto do Conselheiro e recebeu um desajeitadíssimo par de coices – a única que o Burro Falante deu em toda a sua honrada vida.

Em seguida, Pedrinho voltou à Prainha a galope.

– Pronto! Tudo salvo no sítio! – vinha ele gritando de longe –, mas, em vez de ser acolhido com comemorações, só viu tristeza. Todos choravam a bordo do "Beija-Flor das Ondas."

– O que será? – murmurou Pedrinho, apreensivo, subindo depressa ao iate.

– O que acontece? – perguntou.

Dona Benta, Narizinho, o Visconde, todos choravam – menos a Emília.

– O que há, Emília?

– Há que não há mais tia Nastácia. Logo que você partiu, fizemos a contagem dos tripulantes. Faltavam um... e era ela...

– Sim, Pedrinho! – confirmou Dona Benta enxugando os olhos.

– Naquele tumulto, perdemos a nossa querida e fiel companheira. Ficou no palácio invadido pelos monstros. Imagine os horrores pelos quais ela não estará passando com o Minotauro, com o Briaréu de cem cabeças...

No entanto, Pedrinho não se conformou com aquela atitude chorosa e resignada. Era preciso lutar e vencer!

– Perdão, vovó! – disse ele com a decisão de um herói da fábula. – Não penso que o caso seja de choro. Temos de agir sem demora. Temos de organizar uma expedição para o salvamento de tia Nastácia!

Emília sentiu o peito estufadíssimo de entusiasmo.

– Bravo! – falou batendo palmas. – Isso que se fala! Avante, avante! Vamos salvar a tia Nastácia!

E assim a aventura continuou, sabendo que, no mundo do faz de conta, tudo é possível!

www.ingramcontent.com/pod-product-compliance
Lightning Source LLC
Chambersburg PA
CBHW050531160726
48003CB00002B/541